JN033558

インタラクションと対話

多角的な視点からの研究方法を探る

インタラクションと対話

Interaction & Dialogue

多角的な視点からの研究方法を探る

谷村 緑
仲本 康一郎
吉田 悦子
［編］

開拓社

は じ め に

　本書は，課題達成対話データの精察を通じて，言語・非言語的要素がどのように基盤化（grounding）形成に寄与し，相互理解や問題解決に結びつくのかを例証しながら，対話における基盤化形成のメカニズムを多角的に追及するものである。

　Using Language（Clark（1996））で展開される理論では，言語は人々がある活動を達成するために行う共同活動（joint activity）として捉えられる。例えば，机を複数人で運ぶという目的のためには，「机に手をかける」，「机を持ち上げる」といった行為が必要で，その目的達成のために言語が使用されると考える。この共同活動は，参与者が各時点での発話内容を理解し，その発話をお互いが共有知識の一部として取り込むという作業の過程（基盤化）に支えられている（Schober and Clark（1989））。基盤化とは，すなわち，参与者が言語・非言語的要素の両側面を利用し，相互に影響を与えながら行う行為（joint action）の連続を指す（Clark and Brennan（1991），Clark and Krych（2004））。

　従来の言語学では伝統的に文脈から独立した語や文の構造や意味研究に焦点が置かれてきたため，上記のような共同活動に代表される相互行為研究は等閑視されてきた。そのため相互行為におけるコミュニケーション上の具体的な機能も解明されてこなかった。しかし，近年，基盤化は複数の人間の共同活動として成立する言語行為を記述するための手がかりになり得るとして認知科学や情報学でも注目を集めている（片桐ほか（2015），川端（2019），伝（2009），西田（2022））。

　本研究の中心をなす基盤化の概念は，人間の日常的な相互行為において，言語・非言語行動の統制を分析するうえで重要な観点を提供するものである。たとえば，同じ空間や経験を共有しているコミュニティの人々や知り合い同士で行われる言語行為の場合には，前提となる知識が共有されるため，

その結果，構文的に省略された言語で対話が成立することが示せるかもしれない。身振り・手振り，音調といった言語の周辺にあって相互行為全体を支えている行動などは，基盤化をうながす重要な役割を担っているため，マルチモーダルな相互行為を深く掘り下げることで明らかにできるだろう。本書はこのような基盤化に基づく研究の可能性を求めて，相互行為の要素が言葉に限定されないことを認識しながら，この相互行為の仕組みを明らかにするために，参与者二人が行う共同活動を考察する。また，相互行為の多面的な性質を探求し，言語的・非言語的要素が作りだすユニークな特徴の重要性を明らかにする。

本書の構成

　本書は，基盤化，共同活動，言語・非言語的要素，相互行為などをキーワードに，談話分析，情報工学，心理言語学，認知言語学，応用言語学の立場から理論的な分析を展開している。本書は9章からなるが，各章は独立しているため，どの章から読み始めても理解できるようになっている。

　第1章は課題達成対話データの概要である。課題達成対話データの調査協力者，調査条件，課題内容，収録方法，転記方法，付加情報などについてまとめている。二人一組で課題に取り組んでいる調査協力者の言語の違い（日本語，英語）や英語学習者の言語能力の違い（中級・上級）が，基盤化プロセスの違いとしてあらわれることを示す。具体的には，作業時間や正答率，指示表現の出現頻度などの基本統計量から得られる全体的な特徴や知見を提示する。さらに，課題達成対話の特徴から，課題達成対話分析の可能性と必要性について論じる。

　第2章から4章では，基盤化と発話連鎖を扱う。第2章の岡本論文では，課題達成対話の観察から，基盤化形成における参与者の多重指向性と，そうした多重の関与がいかにして1つの共同活動（joint activity）としてまとめあげられるかを適切に記述するモデルの提案を行う。本対話データにおいては，教示者の評価コメントは作業者の理解提示発話とその都度の作業結果の両者に指向しているが，教示者のジェスチャーもまた自身の発話生成を促す自己指向性と作業者の理解を支援する他者指向性の両側面を持っている。岡

本は，基盤化におけるこうした言語・非言語の多重指向性を適切に捉えるため，クラークの共同活動理論と崎田・岡本（2010）の発話事態モデルを接合した新たな認知・相互行為モデルを提示する。

　吉田による第3章は，英語母語話者（教示者）と英語学習者（作業者）間の課題達成対話データを取り上げ，役割や情報量の優位性，言語運用上の能力における非対称性が，インタラクションにどのような影響を与えるかについて議論している。特に，英語学習者の質問発話が後続の英語母語話者の発話連鎖に与える影響，同時に，英語母語話者の質問発話が後続の英語学習者の発話連鎖に与える影響について分析している。そして，どのような発話交換や相互調整が課題達成に有効かが解き明かされる。

　第4章は，情報処理を専門とする岡田による，深層言語モデルを用いた単語予測の分析と評価である。近年は大規模言語データを深層学習手法で学習させて，言語モデルを得ることができるようになり，英語母語話者の言語感覚を再現することができるようになってきている。本章では，課題達成対話コーパスの文字化データを BERT に入力して，文字化データ中の「沈黙（ポーズ）」部分にどのような単語が入るか推測させる実験を実施している。

　第5章から7章は，基盤化とインタラクションについてである。第5章の谷村・仲本論文では，英語教師と英語学習者ペアの対話を対象に，言語能力でも社会的地位でも優位な立場にある教示者が，代名詞 we を使い分け，学習者と良好な関係を構築する様子を記述する。ここでは，異なる言語を背景とする者同士が出会う接触場面のコミュニケーションに注目し，英語教師が積極的に inclusive 'we' を使用することで，学習者との社会的距離を調整し，柔軟に関係性を変容させていくプロセスを定量的，定性的な方法で分析する。

　第6章の田中は，課題達成対話における概念的・統語的プライミングの役割に焦点をあてている。Pickering and Ferreira（2008）はヒトが文を産出する際に，直前に発話された文の構造を繰り返し産出する傾向，つまり，統語的プライミング効果を報告しているが，田中の論文は，この統語構造を利用したプライミング効果が，自然談話のどのような場面で実際に起きているのかを分析する。そして対話進行の過程で，統語以外の様々なプライミング

効果がインタラクションに影響を与えることを実証的に示す。こうした事例の検討から，心理言語学のモデルをマルチモーダル談話へ応用する有効性が描き出される。

　第7章の谷村・吉田論文は，対面での左右の理解に，指さしの繰り返しがどのように貢献するかを分析している。対面会話では鏡映反転の状態になるため，話者は空間認知で使用される参照枠を相手にわかりやすく説明する必要がある。ここではその記述に ELAN を使用し，対話の書き起こし，手の動作，談話構造などに注釈を付与し，マルチモーダルな分析を行うことで，指差しの繰り返しや発話の上昇・下降音調が参与者の知識状態の非対称性の解消に貢献することを論じる。

　第8章，第9章では，認知言語学の観点から，基盤化と概念化に依拠した相互構築の方法について論じる。第8章の仲本・谷村論文では，イメージ・メタファーが実際の話しことばで相互理解にどう貢献しているか，どのように会話を組織化しているかという問題意識に立ち，日英語の話者がそれぞれ利用可能な文化的リソースを用いてどのように基盤化を行っているかを考察する。

　最終章の仲本・谷村論文では，日英語の話者が相互行為の実践のなかでどのように談話を構成しているかを観察し，日英語の談話スタイルの違いを検討する。結論としては，英語話者では，教示者が主導権を握り，談話を先導していくのに対して，日本語話者の場合，教示者と作業者が対等な立場に立ち，協調的に談話を構成する傾向がみられることを主張する。

　これらの9章は，さまざまな分析視点から課題達成対話の相互行為を考慮することで，基盤化を背景とする活動の有り様が包括的に理解できるように編まれている。また，コラムも含まれており，本書が取り上げるさまざまな概念の理解を深める内容となっている。これには論文執筆者だけでなく，川端，高梨，竹内といった各分野の専門家三人も執筆に加わっている。このように本書は，創発する相互行為を多面的な研究手法で扱うものであり，教育現場や職場場面での課題型対話の分析だけでなく，テキストや音声を自律的に生成する AI 技術の進展にも資するものになっている。

想定される読者層

　想定される読者層は以下に大別される。第一は，課題達成対話データを使用して相互行為研究を始めようと考えている言語研究を専門とする学部生や院生，また，課題達成対話データに現れる談話構成のメカニズムの解明や理論化を探求したい研究者である。これらの読者は多角的な研究手法や分析方法による本書の先駆的論文から，研究をさらに深化させることができるだろう。第二は言語や外国語の教育関係者である。最新の知見，研究動向，成果に関する知見を深めることは，実用的な応用，教育現場への還元に役立つと思われる。本書はまた概論書や授業用のテキストとしての利用も可能であり，様々な視点からの分析は教育関係者の視野を広げるものとなるだろう。第三は，近年の研究手法や動向に興味のある，心理言語学，認知言語学，自然言語処理などの研究者である。こうした相互行為研究以外の背景や経験を持つ読者にとっても，新鮮な視点と洞察を提供できるものとなっている。さらに，本書は多分野の研究者の交流によって成り立っているため，読者が最新の研究知識，知見を幅広く把握し，専門分野における思考力や分析力を高めることもできるだろう。

　本書は以下に示す科学研究費助成事業の援助を受けており，その研究成果を報告するものである。

- 基盤（C）2010–2012　研究課題/領域番号 22520635
  『日英対照マルチモーダル音声対話データベースの構築──応用認知言語学の観点から』（研究代表者：谷村緑）
- 基盤（C）2013–2016　研究課題/領域番号 25370663
  『英語対話教材開発のためのマルチモーダルデータベースの構築とその利用』（研究代表者：谷村緑）
- 基盤（C）2017–2019　研究課題/領域番号 17K02953
  『英語対話教材開発のための相互行為プロセスの分析──非言語情報を中心に』（研究代表者：谷村緑）

参考文献

Clark, Herbert H. (1996) *Using Language*, Cambridge University, Press, Cambridge.

Clark, Herbert H. and Susan E. Brennan (1991) "Grounding in Communication," *Perspectives on Socially Shared Cognition*, ed. by B. Resnick Lauren, John M. Levine and Stephanie D. Teasley, 127–149, American Psychological Association, Washington, D.C.

Clark, Herbart H. and Meredyth A. Krych (2004) "Speaking while Monitoring Addressees for Understanding," *Journal of Memory and Language* 50(1), 62–81.

伝康晴 (2009)『聞き手行動の認知科学に必要なもの』*Cognitive Studies* 16(4), 475–480.

Japanese Discourse Research Initiative (2017)『発話単位ラベリングマニュアル』version 2.1 https://www.jdri.*org/resources/manuals/uu-doc-2.1.pdf.*

片桐恭弘・石崎雅人・伝 康晴・高梨克也・榎本美香・岡田将吾 (2015)「会話コミュニケーションによる相互信頼感形成の共関心モデル」*Cognitive Studies* 22(1), 97–109.

川端良子 (2019)「課題指向対話における共有信念構築のメカニズムに関する研究」『千葉大学大学院融合科学研究科 (情報科学専攻) 博士 (学術)』

西田豊明 (2022)『AI が会話できないのはなぜか──コモングラウンドがひらく未来』晶文社, 東京.

Pickering, Martin J. and Victor S. Ferreira (2008) "Structural Priming," *A Critical Review. Psychological Bulletin* 134, 427–459.

崎田智子・岡本雅史 (2010)「言語運用のダイナミズム──認知語用論のアプローチ」『講座：認知言語学のフロンティア 第4巻』, 山梨正明 (編), 研究社出版, 東京.

Schober, Michael F. and Herbert, H. Clark (1989) "Understanding by Addressees and Overhearers," *Cognitive Psychology* 21, 211–232.

また，本書ではデータを以下のように記載している。

英語母語話者ペア	NES-NES
日本語母語話者ペア	NJS-NJS
日本人英語学習者ペア	JEL-JEL
英語教師と日本人英語学習者ペア	NES-JEL
衝立あり	Workspace Hidden
衝立なし	Workspace Visible
教示者	Director
作業者	Builder

目　次

xiv

基盤化とインタラクション

基盤化と概念化

第1章

課題達成対話データ概要

谷村　緑

立命館大学

1.　研究の背景

　本書の中心をなす基盤化という概念は，話者が会話の相手と理解を共有するためのメカニズムで，日常の様々なやりとりの場面で働いている。この基盤化には，話された言葉だけでなく，双方が同じ認識を持っているかどうかを確認する継続的なプロセスが含まれており，効果的なコミュニケーションを構築するための基礎としても機能する。言い換えると，参与者が言語・非言語の両側面を利用し，相互に影響を与えながら行う共同行為 (joint action) (Tomasello (1995), Tomasello et al. (2005)) の連続を指す (Clark and Brennan (1991), Clark (1996), Clark and Krych (2004))。この基盤化は複数話者の共同行為を記述するための手がかりとして注目を集めており，このような集合的な行為に基づく基盤化プロセスは，対話プロセスを分析することで得ることができる (Clark and Krych (2004), 本多 (2010, 2011))。例えば，基盤化プロセスの手掛かりには，聞き手が話し手からのメッセージに対してその都度示すさまざまな反応 (e.g. あいづちやうなずき，反復や修復，笑い) や，お互いの言語・非言語行動に対してその都度行う調整などがある。これらの行為は，前もって計画されているわけではなく，発話の最中に対話参与者が互いにモニターしながらおこなう動的な行為である。

　しかし，こういった相互行為の関係を分析したものは様々な場面の指さしに焦点をあてた安井・杉浦・高梨（編）(2019) や教室場面を研究した古市

1

(2016) などに限られており，共通基盤が相互行為で果たしている役割や，沈黙やジェスチャーなどの非言語行動がどのように対話理解に貢献しているのかについてはまだ解明されていないことが多い。日・英語を対象とした課題達成対話データを用いて具体的な現象について研究したものは日本ではまだなく，まったく未知の状態にある。このような問題意識に基づき，われわれ研究グループは，日本人英語学習者ペア，日本語母語話者ペア，英語母語話者ペア，日本人英語学習者と英語母語話者ペアによる4種類のビデオ音声対話データベースを構築し，分析を進めてきた。本書はその成果を収録したものである。

　本書が対象とするデータは，言語情報，音声・視覚情報などの様々な伝達手段を含む複数のチャンネルを持っており，研究を進めるうえで以下のような利点がある。

　第一に，データに出現する，ある特定の言語行為を定量的に対照することが可能である。本データの課題はあらかじめ設定された最終目標やそのために必要な中間目標を達成するために進められる。これは発話がある程度，統制されることを意味している。また，衝立なし条件と衝立あり条件でデータを収集しているため（cf. Clark (2021)），参与者がどのような言語・非言語のリソースを用いて参与者が相互信念を構築しているのかを比較することも可能である。

　第二に，ダイナミックに変動する対話を対象とし，さまざまな手法を用いて日・英語に観察される談話構成のメカニズムの解明が可能である。特に，本研究では，複数の人間の共同行為として，成立する言語行為を記述するために，共同注意を手がかりとし，どのようなメカニズムがコミュニケーション能力を支えているかを解明することを目的としている。共同注意と言語現象の関わりは，近年注目されている「言語の間主観性」（intersubjectivity）の研究へも貢献するものであり，間主観性に基づく対話の相互構築性といった指摘（本多（2005））に対して，対話の分析による実証的な調査（Proctor and Muller (2022)）が行えるという意義がある。

　第三の利点は，具体的に言語事象をみるための分析方法として，認知言語学，心理言語学，談話分析，自然言語処理研究，ジェスチャー研究などの考

え方を援用することで，理論的に言語の違いや話者の振る舞いの違いについて記述することができる点である。各言語には「好まれる言い回し」(fashions of speaking)（Whorf（1956））というものがあり，例えば，英語と日本語の対照研究において語や文のレベルではすでにスル言語とナル言語，名詞優位と動詞優位などの言語的特徴が提案されている。今回の分析では従来の言語研究の成果を参考にしつつ，対話データから新たな知見を得ることを目標にする。特に，今回対象とする言語現象は，文という書きことばの単位を基準としない発話連鎖や談話構成/構造を対象とするもので，従来までの文構造の研究を超えた新しい研究の局面を切り開くものである。

　第四に，同じ条件で異なる参与関係のやりとりを比較することで，個別言語の調査では得られない知見が得られる可能性がある。例えば，さまざまな言語活動を対照させることで英語学習者の談話レベルにみられる不自然な表現を明らかにすることができ，さらにその不自然な発話を改善する方法を提案することができる。また，英語学習者のコミュニケーション上のストラテジーを明らかにすることで，相互行為上必要となるストラテジーを提案することができるという応用言語学的な利点もある。

　第五に，本書は昨今の Chat GPT をはじめとした機械学習，特に深層学習による大規模言語モデル（Large Language Models, LLM）を利用した生成型 AI 研究にインパクトを与える研究となっている。今後 LLM を利用したアプリケーションやサービスの利用はますます加速していくと予測される。このような環境の中，生成型 AI では実現が難しい，人間同士の非言語コミュニケーションや相互理解に基づくコミュニケーションの重要性が相対的に高まると予想される。本書はまさにそうした現実の人間社会におけるコミュニケーションに焦点をあてた研究であり，AI 化の進む社会にインパクトを与えうるという利点がある。

2.　先行研究と本研究との関連

　課題型のデータをさまざまな視点から分析している重要な研究として，Chafe（1980）を挙げることができる。文化背景の異なる人々が同一の無声

映画（Pear Story）をみてどのように語るのかを実証している非常に興味深い調査である。その手法を参考にして，谷村・吉田（2003）は Pear Story の映像を用いて日・英語対照データを収録し，語りの構造の違いや，発話中に観察されるポーズ，プロソディーといったパラ言語情報の違いを調査した。同様に，日本で行われた調査として，井出・藤井（編）（2014）がある。井出・藤井（編）が作成したミスター・オー・コーパスは，さまざまな背景を持つ参加者がマンガのコマをバラバラにしたものを，共同で並べ替えて自由に物語を作るという二人会話を収録し，対話的な物語構築を詳細に記述したものとなっている。正解はなく対話を通して物語構築するという課題で，言語，文化，空間認知などの観点から分析し，動的な相互行為のあり方を詳細に記述している点で評価できる。

　本書はこれらの研究の流れに沿うものであるが，Pear Story やミスター・オー・コーパスと本プロジェクトが対象とするコーパスの違いは，作業場面と発話の対応により共通基盤の確立が特定できるという点にある。これは完成状態を示す写真と同じものをブロックで作るという課題の特性によるもので，いつ共同注意が成立したか，どの段階で誤りが生じたのかなどが視覚的に確認可能である。

3.　課題達成対話の概要

3.1.　収録の手順

3.1.1.　録画前の準備

　Clark and Krych（2004）を参考に，レゴデュプロと呼ばれる幼児用のブロックの中から赤，青，緑，黄色の正方形と長方形のみを使用した。6 から 8 ピースのブロックからなり，3 もしくは 4 ピース分の高さで，橋やタワーといった既存の事物に喩えることができない模型を 21 パタン作成し，作成された模型を一枚ずつ写真に収めた。そして，冊子を 3 冊用意し，1 冊には練習用として 1 枚の写真を入れ，残りの 2 冊には 10 枚ずつ写真を入れ，1 から 10 まで番号をふった。実験時にはその冊子を教示者の机の上に置き，作業者の机の上にはブロックを用意した。ビデオは実験参加者の上半身，手

元，作業場面が入るように設置した。

3.1.2.　実験参加者への説明

　作成した文書は以下の 4 種類である。1）研究概要や目的また課題に関する文書，2）倫理誓約書，3）謝礼に関する書類，4）実験当日に使用する手順を示す文書である。

　収録データ作成においては，事前に研究の目的や実験方法を調査参加者に明示し，調査の途中でも参加取り消し可能ということを説明した上で，収録を行っている。本データの課題は共同でブロックを積むというものであるため，収録データには，個人の特定につながる発話はほとんど出現していない。しかし，調査参加者の顔や体が撮影されているため，個人情報および録画データの取り扱いには細心の注意を払い，音声や映像は研究・教育目的にのみ使用し，他の目的には一切使用しないことを確約した。その上で，調査参加者が特定できるような情報を含まない形で引用することの許諾を調査参加者から取り，同意書への署名を得た。また，調査参加者には，所属大学の規定に従い，謝金を支払った。

3.2.　調査当日の手順

　実音響環境下でデータ収集を行うため研究室・教室等で録音を行った。教示者と作業者は机の両端に向かい合って座り，衝立あり条件のときには教示者と作業者の間に衝立を設置した。実験参加者には，衝立なし条件と衝立あり条件でブロックを積むこと，作業者と教示者の立場の変更はないことを伝えた。また，教示者には，作業者が円滑に作業できるようにジェスチャーを使ったり，作業者が教示者に質問してもかまわないが，作業者の代わりに教示者がブロックを積むことはできないことを伝えた。

　本番前には練習を行っている。教示者は「1 番目のタスクをこれからはじめます」といった合図を出した後，ブロックの模型を説明し，作業者は教示者が持つ写真と同じブロックの模型になるようにブロックを積んでいった。作業終了時には「終了です」といった合図を出し，その後，両者はブロックの積み方が正確に出来ているかどうかチェックしてビデオカメラに提示した。

　このような一連の流れを練習で確認した後，模型の写真で分かりにくいところはないかといった質問を受け付け，問題がないことを確認後，調査者は実験室を退出した。そして，実験参加者らが自身で，模型ごとにビデオ撮影と音声録音の操作を行った。

3.3. 課題達成対話データの概要

内容	二人一組で，レゴブロックの模型を組み立てる対話
収録条件	・衝立なし条件（作業場面がみえる）：10 模型分 ・衝立あり条件（作業場面がみえない）：10 模型分
対話参加者*	・英語母語話者（NES-NES）ペア 5 組 ・日本語母語話者（NJS-NJS）ペア 5 組 ・日本人英語学習者（JEL-JEL）ペア 16 組（中級 8 組・上級 8 組） ・英語母語話者と日本人英語学習者（NES-JEL）ペア 10 組（上級 5 組・中級 5 組）
年齢	・18 歳-24 歳 英語母語話者，日本語母語話者，日本人英語学習者 ・30 代-50 代 英語母語話者教師
収録規模	720 模型分の対話
総時間数	・約 25 時間（衝立なし条件 7 時間，衝立あり条件 18 時間）
各課題の 平均発話時間	衝立なし条件　1 分 10 秒 衝立あり条件　3 分弱
収録方法	ビデオ録画と音声録音
転記方法	日本語：串田・定延・伝（2005） 英　語：Schegloff's Transcription Module[1]
補足情報	・教示者は衝立なし条件の際，指差しをしたり言葉を補ったりして作業者を手伝ってもかまわないが，作業者の代わりにブロックを積むことはできない。 ・教示者と作業者の役割は変わらない。

---

[1] https://www.sscnet.ucla.edu/soc/faculty/schegloff/TranscriptionProject/ 参照。

図 1 と 2 は衝立なし条件と衝立あり条件を示すイラストである。

図 1：衝立なし条件　　　　　　図 2：衝立あり条件

（吉田（2019）より抜粋）

3.4.　文字化の例

　本書の文字化は Schegloff の transcription module を参考に，フィラー，言いよどみ，言い誤り，言いさし，音調，発話速度などの言語化されているものも含めた。以下はその一例である。

```
  ::　：声の引き延ばし　　　　hhh ：笑い　　（数）：沈黙の秒数
 ↑↓ ：上昇・下降調の音調　　WOrd：強調　　　 - ：言いさし
< 　> ：周りより発話速度が遅い　　　 [  ] ：発話の重なり
> 　< ：周りより発話速度が速い　　 ○ ○ ：周りより声が小さい
  .　：下降調，発話の区切れ　　　　　 ? ：上昇調，疑問
  ,　：下降から上昇調，発話継続　　 (  ) ：聞き取れない発話
  =　：前後の発話がつながっている　(( )) ：注釈
```

4.　データの基本統計

　本節では，衝立なし条件と衝立あり条件が基盤化形成にどのように影響するかを定量的，定性的に示す。まず，作業時間，正答率，共同注意の手掛かりとなる指示表現（this, that, here, there）の 3 点についてみていく。次に定性的分析として，発話中に出現する指示詞が談話構造や参与者の関係性にどのような影響を受けるかという観点から検討する。

4.1. 作業時間

　図3は各課題に要した作業時間の平均を示している。「各課題」とは，模型を1つ完成させることを意味する。Clark and Krych（2004）では，衝立あり条件の平均作業時間が188秒，衝立なし条件が89秒で，衝立あり条件が，衝立なし条件の約2倍の時間となっている。本研究でも，衝立あり条件の作業時間が衝立なし条件よりも長く，所要時間は約2倍である。このことから衝立あり条件では，視覚情報を補うために確認や調整といった言語行動が増え，より言語的に共同的になる一方で，衝立なし条件では，視覚情報という言語以外のリソースのアクセスが基盤化形成に寄与していることが示された。

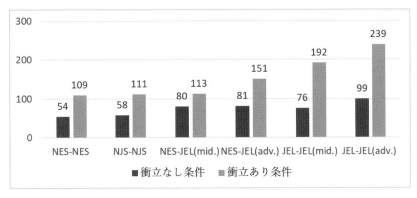

図3：各課題の平均作業時間（秒）

　次に，作業に要した時間をペア間で比較する。まず，衝立あり条件では，JEL-JEL（adv.）が一番長く（平均239秒），NES-NESが一番短い（平均109）。一元配置の分析の結果，統計的な有意差が認められた（$F_{(5,44)}$ = 11.86，p = 2.68E-07，η^2 = 1.09）。

	JEL-JEL (mid.)	NES-JEL (adv.)	NES-JEL (mid.)	NJS-NJS	NES-NES
JEL-JEL (adv.)		**	**	**	**
JEL-JEL (mid.)			**	**	**
NES-JEL (adv.)					
NES-JEL (mid.)	**				

表1：衝立あり条件——Tukey 法を用いた多重比較（** *P*<.05）

Tukey 法を用いた多重比較によれば（表1），以下の条件で有意差が認められた（MSe＝2236.25，5％水準）。すなわち，JEL-JEL（adv.）及び，JEL-JEL（mid.）は，他のペアよりも作業を完了させるために有意に時間がかかっていることが示された。平均値だけをみると，JEL-JEL（adv.）と JEL-JEL（mid.）間にも差がありそうにみえるが，統計的に有意ではないという点には注意が必要で，JEL-JEL（adv.）と JEL-JEL（mid.）は，基盤化に至るまでのプロセスには同程度の時間がかかっている。

	NES-JEL (adv.)	NES-JEL (mid.)	JEL-JEL (mid.)	NJS-NJS	NES-NES
JEL-JEL (adv.)		**	**	**	**
NES-JEL (adv.)				**	**
NES-JEL (mid.)				**	**
JEL-JEL (mid.)					**
NJS-NJS	**	**			

表2：衝立なし条件——Tukey 法を用いた多重比較（** *P*<.05）

10

つぎに，衝立なし条件でも，作業に要した時間は，JEL-JEL（adv.）が一番長く（平均99秒），NES-NESが一番短い（平均54秒）。一元配置の分散分析の結果，統計的な有意差が認められた（F(5，54) = 12.41，p = 4.96E-08，η^2 = 1.02）。Tukcy法を用いた多重比較によれば（表2），以下の条件で有意差が認められた（MSe = 220.07，5％水準）。この衝立なし条件では，JEL-JEL（adv.）とJEL-JEL（mid.）間には有意差が認められることから，作業完了までの時間に差があることが示された。つまり，言語的には熟達していないJEL-JEL（mid.）が，JEL-JEL（adv.）よりも有意に早く作業を完了していた。これはJEL-JEL（adv.）がより注意深く作業していたためである。

一方，NES-NESおよびNJS-NJSは，視覚情報（ジェスチャー，指差し，ブロックの配置）を有効的に利用しながら最小限の応答で課題を達成していた。これは，参与者は最小限のコスト（least collaborative effort）で効果的に共同するというよく知られた知見からも支持される（Clark and Wilkes-Gibbs (1986)）。

4.2. 正答率

次に課題が正しく行われたかどうかをみていこう。まず先行研究のClark and Krych (2004) の結果をみておく。先行研究では母語話者が調査対象者となっており，衝立なし条件では正答率が97％，衝立あり条件では95％となっている。興味深いのは，視覚情報がある衝立なし条件の正答率が衝立あり条件より若干高いものの，100％ではないという点である。これは，参与者が相互理解に達したとみなした結果を反映している。母語話者の場合，作業条件は正答率に大きく影響しないという点も興味深い。

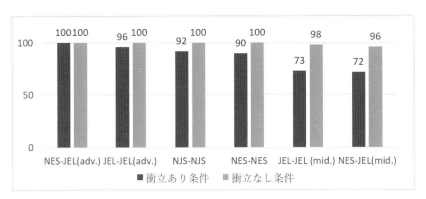

図 4：各ペアの課題正答率

この先行研究の結果を踏まえて，本研究の結果をみてみよう。衝立なし条件
（図 4）では，JEL-JEL（mid.）と NES-JEL（mid.）のみ正答率が 100% に
達していないが，一元配置の分散分析の結果，統計的な有意差は認められな
かった（F(5, 54) = 1.51，p = 0.20）。つまりペア間で正答率に差はないこと
から JEL-JEL（mid.）と NES-JEL（mid.）が有意に正答率が低いというこ
とではなく，衝立なし条件の正答率はどの話者も同程度に高いということが
示された。一方，衝立あり条件（図 4）では，NES-JEL（adv.）の正答率が
一番高く JEL-JEL（adv.），NJS-NJS が続く。一元配置の分散分析の結果，
統計的な有意差が認められた（F(5, 44) = 5.26，p = 0.00，η^2 = 0.74）。

	JEL-JEL (adv.)	NJS-NJS	NES-NES	NES-JEL (mid.)	JEL-JEL (mid.)
NES-JEL (adv.)				**	**
JEL-JEL (adv.)				**	**
NJS-NJS					**
NES-NES					
NES-JEL (mid.)	**				

表 3：衝立あり条件——Tukey 法を用いた多重比較（** $P<.05$）

　Tukey 法を用いた多重比較により（表 3），以下の条件で有意差が認められた（MSe＝192.95，5％水準）。すなわち，JEL-JEL（mid.）と NES-JEL（mid.）は，JEL-JEL（adv.），NES-JEL，NJS-NJS と比べて有意に正答率が低いことが示された。注目するべきは，NES-NES と NJS-NJS で，母語話者であっても 100％ の正答率になるわけではないという点は先行研究と同様の結果である。この事実は母語話者であるからといって，必ずしも完璧な基盤化がなされるわけではないという対話プロセスの一端を示している。

4.3. 指示表現
4.3.1. 定量的分析
　本節では，共同注意という認知的な現象の手がかりとなる言語的現象として指示表現を取り上げる。指示対象の同定はコミュニケーションを円滑に進めるために重要である。特に課題型の対話で指示対象が参与者間で認識されていない場合，ブロックを積むという 1 つ 1 つの現在の目的を達成することができなくなるため，課題の達成に影響を及ぼすことになる。ここでは，このような問題を回避するために話者がどのように目的を達成するのかを談話構造と参与者の関係性から探る。そこで，まず衝立あり条件と衝立なし条

件に出現する指示表現の頻度を確認し，次に，共同注意を確立するためにど
のように指示詞が利用されているのかを具体例をみながら検討する。今回は
指示表現を対象としているため，以下のような用法は対象外とする（Put a
long green so *that* it's aligned with the long red./*Here* you go./*That*'s
right. *That*'s it./*There*'s just two on top.）。

　図 5 と 6 は衝立あり条件，図 7 と 8 は衝立なし条件での教示者と作業者
の指示表現の使用頻度を示している。

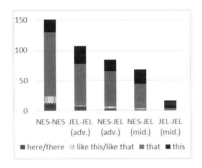
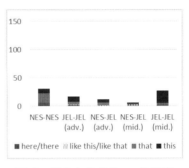

図 5：衝立あり条件——教示者　　　　図 6：衝立あり条件——作業者

　Clark and Krych（2004）の分類方法を参考に，this, that, like this/
that, here/there の 4 種類に分類した。[2]

　まず衝立あり条件（図 5, 6）では，JEL-JEL（mid.）を除いて，最も出現
頻度の多い指示詞は that である。NES-NES や JEL-JEL（adv.）は，前発話
と現発話の関係性を保つために指示表現を基盤化の言語リソースとして利用
していることがわかる（例．NES-NES の D: And on top of it you put a
little blue one. And on top of that you put a big yellow one）。
指示表現の使用頻度を教示者と作業者で比較すると，JEL-JEL（mid.）を除
いて，教示者のほうの使用頻度が高いことがみてとれる。つまり，JEL-JEL
（mid.）以外のペアでは，教示者が指示対象を導入したあと，その導入した

---

　[2] this や that には these, those といった複数形も含まれる。また，NES-JEL（mid.）お
よび NES-JEL（adv.）の衝立あり条件の課題は調査方法の変更により 5 試行となっている
ため，2 倍にした数値になっていることを断っておく。

14

指示対象を自身で同定し，既知のものとして作業者と共有するという方法をとっている。一方，JEL-JEL（mid.）では，教示者が指示対象を導入したあと，作業者が質問や確認を通して同定することが多い。言い換えると指示対象の同定ができていないことが，作業者に対してより積極的な対話への参加機会を与えているといえる。この点は 4.3.2. 定性的分析で詳細をみる。

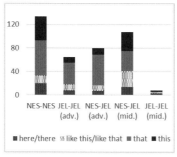

図7：衝立なし条件 ── 教示者

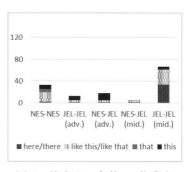

図8：衝立なし条件 ── 作業者

衝立なし条件（図7と8）でも JEL-JEL（mid.）を除いて，指示表現はthat の出現が多く，前発話と現発話のつながりが重視されている。JEL-JEL（mid.）では，that の使用が非常に少なく，前発話と現発話との関連性を言語的に示す手段として指示詞を使用しておらず，作業者が指差しながら指示詞を使用していることが多かった。このような直示的（deixis）な指示詞の使用が，衝立あり条件より相対的に高いという点も特徴的で，「今」，「ココ」の情報がリソースとして使用されていることがわかる。例えば JEL-JEL（mid.）では，赤と青のブロックの上に緑のブロックを置くという指示に対して，作業者が here? と聞きながら指差して，場所を確認していた（D: … and big blue block, B: big? D: next to red one and the green little green block on the red and blue? B: here? D: yes.）。このように言語以外のリソースが基盤化に貢献していることがわかる。

4.3.2. 定性的分析

最後に，談話構造や参与者の関係性から事例分析を行う。まず衝立あり条

件に頻出する that の使用例をみていく。NES-NES の場合，that は直前の発話と現発話の結束性を高めるために使用されている。これは文章の結束性の保ち方と類似している。文章では，読者とどの程度知識が共有されているか明確でないため，テキストそれ自体で完結していることが必要で，この発話例でも同様の方法がとられている。断片（1）と（2）はその例であるが，発話の情報構造にも注目したい。一般的な情報の提示方法は「主部」，「述部」，「補部」「付加詞」の順であることが多いが，この例が示すように，前発話の内容を受けて，"on top of that you put a big yellow one," のように，「付加詞」，「主部」，「述部」の順で情報が提示されている。つまり，結束性を優先した theme と rheme の情報構造（Halliday（1994））になっており受話者にとって理解しやすいものとなっている。このような両者にとって既知情報になった場所に次のブロックを置くという行為は，間違いや誤解を生じさせないより効果的な方法といえる。一方で，断片（1）と（2）には相違点もあり，NES-NES の場合は，ターン交代がなく，ひとつの発話の断片はかなり長いが，NES-JEL (adv.) の場合，ターン交代が頻繁にみられ，基盤化のプロセスが異なっていることがわかる。

  (1)   NES-NES 1, Workspace Hidden Trial 3

  01 D: So number three ha::s sIx layers.

  02 B: °uh okay°.

  03 D: °h h h° ah: so for the first layer you take a

  04   little yellow one. (1) And on top of it you put a

→ 05   little blue one. (1) And (.) on top of that you

  06   put a big yellow one, so that >there's two

  07   squares sticking out either end<.

  08 B: (2)（（2回大きくうなづく））

→ 09 D: Then (.) in the middle of that you put a little

  10   red one.

  (2)   NES-JEL 3, Workspace Hidden Trial 5

  01 D: Okay so start with a long (.) blue piece.

02　B:　°Blue piece.°

→ 03　D:　°Okay° a:nd on top of that (.) on the LEft half,

04　B:　Uh horizontal?

05　D.　It's yea horizontal yep (1).

06　B:　Okay.

→ 07　D:　So >on top of that on the left half, <

08　B:　On the left half.

09　D:　put a yellow piece.

10　B:　A small yellow piece.

11　D:　Small yellow piece.

12　B:　Okay.

一方，次の断片 (3) の JEL-JEL (mid.) の場合は，指示詞の使用がそもそも少ない。4 行目の on the half of left は，on the left half of that と表現できそうだが，on the half of left で発話が終わっており，共同注意の対象として導入されたはずの青色ブロックが既出のものとして共有されていない。このことは 5 行目で作業者が 4 行目の前発話を繰り返すことで続きの発話を促し，ブロックを積むための情報を要求していることから明らかである。情報が欠けている分をお互いに補いながら，細かい確認作業により，正確さを維持しようとしていると考えられる。これを受けて 6 行目の Blue's, blue's half of left という発話で，教示者は blue という名詞を用いて修正を開始し，場所の特定を可能にするための基盤化を行っている。

(3)　JEL-JEL (mid.) 6, Workspace Hidden Trial 10

01　D:　Then put on (.) eight circle green eight circle

02　　　block=

03　B:　=Un

04　D:　On the (.) half of left.

05　B:　Half of left.=

→ 06　D:　=Un. Blue blue's half of left

07　B:　Left

08　D:　Un

次に，衝立なし条件の例をみていこう。断片 (4) は NES-JEL (mid.) の発話である。教示者は，7 行目で Just like that と述べ，ポジティブエビデンス (Clark and Brennan (1991)) を与える手段として指示詞を使用している。

(4)　NES-JEL (mid.) 1, Workspace Visible Trial 1

01　D:　We're going to take a: two (.) LO:ng ones,

02　B:　Hum.

03　D:　a red one and a blue one.

04　B:　((赤と青の長いブロックを手前に持ってくる。))

05　D:　E yeah. Line them up,

06　B:　((赤と青のブロックを隣同士に並べる))

→ 07　D:　just like that. Good.

一方 (5) のように，JEL-JEL (mid.) の発話では，指示詞は教示者ではなく作業者の発話に頻繁する。8 行目の作業者の発話 (over this) のように，作業者は理解確認のため，指示詞とジェスチャーで対象物を同定して相手に提示する方法をとっている。

(5)　JEL-JEL (mid.) 4, Workspace Visible Trial 8

01　D:　Blue big one comes (.) in a left side.

02　B:　Yeah.

03　D:　But (1) [both is not TOgether.

04　B:　　　　　　[((ブロックの長い方の側面を向かい合わせる))

05　D:　NO.

06　B:　((ブロックの短い方の側面を向かい合わせる)) Oh ↑

07　D:　Yeah. And (2) um (4) green big one

→ 08　B:　Over this?

09　D:　uh over, yeah.

以上の事例分析からわかることは，基盤化のプロセスの違いは異なる対話

プロセスとして現われるということである。衝立あり条件では，NES-NES の場合は，教示者が共同注意として導入した指示対象を自身で確立していくプロセスを作業者は確認し，受諾する形をとっていた。一方 JEL-JEL（mid.）の場合，指示対象の曖昧性を排除するための積極的なターン交代により，累積的に情報が積み上げられていく中で，共同注意が確立することが示された。衝立なし条件では，NES-JEL（mid.）の場合は教指示者が作業者の行為を視覚的に確認し，それに対して作業者がフィードバックを与える方法として指示詞を使用していた一方で，JEL-JEL（mid.）では，教示者ではなく作業者が自身の理解確認のために指示詞を利用するという方法が示された。

5. まとめ

　本章では，4 種類の課題対話データの概要及び作業時間や正答率，指示表現の出現頻度といった基本統計を概観した。また，基盤化プロセスの要素として重要な役割を果たす共同注意の観点から，言語的な手掛かりとして指示表現がどのように使用されているのかを，談話構造や参与者の関係性から分析し，基盤化の過程の違いが異なる対話プロセスとして現れることを例証した。

　データを使用した実証研究の利点は，定量的，定性的分析に基づくことにより客観的な事実を提示できることにある。研究者の興味や研究背景により直観的に事例を選ぶことは事実をゆがめることにつながりかねないが，本章では，定量的分析の結果からより典型的な事例を抽出，分析し，基盤化の過程の違いが異なる対話プロセスとして立ち現れることを提示できたと思う。

　以下の章では，各専門領域で蓄積されてきた研究手法による研究成果を提示し，研究可能性の広がりを示したい。

参考文献

Chafe, Wallace L., ed. (1980) *The Pear Stories: Cognitive, Cultural, and Linguistic Aspects of Narrative Production* (Advances in Discourse Processes, vol. III), Ablex, Norwood, NJ.

Clark, Herbert H. (1996) *Using Language*, Cambridge University Press, Cambridge.

Clark, Herbert H. (2021) "Anchoring Utterances," *Topics in Cognitive Science* 13, 329–350.

Clark, Herbert H. and Susan A. Brennan (1991) "Grounding in Communication," *Perspectives on Socially Shared Cognition,* ed. by Lauren B. Resnick, John M. Levine and Stephanie Teasley, 127–149, APA Books, Washington, D.C.

Clark, Herbert H. and Meredyth A. Krych (2004) "Speaking while Monitoring Addressees for Understanding," *Journal of Memory and Language* 50, 62–81.

Clark, Herbert H. and Deanna Wilkes-Gibbs (1986) "Referring as a Collaborative Process," *Cognition* 22(1), 1–39.

Halliday, M. A. K. (1994) *An Introduction to Functional Grammar*, Edward Arnold, London.

本多啓 (2005)『アフォーダンスの認知意味論：生態心理学から見た文法現象』東京大学出版会, 東京.

本多啓 (2010)「共同注意と間主観性」『ひつじ意味論講座 5　主観性と主体性』, 澤田治美 (編), 127–148, ひつじ書房, 東京.

本多啓 (2011)「言語に現れた主観性と間主観性：生態心理学の観点から (〈特集〉主観性とパースペクティブ)」『人工知能学誌』26(4), 344–351.

古市直樹 (2016)「授業中にジョイント・アテンションはどのように機能しているか：教室空間における共同行為としての会話を分析する試み」『日本教育工学会論文誌』39(4), 305–319.

井出祥子・藤井洋子 (編) (2014)『解放的語用論への挑戦——文化・インターアクション・言語』くろしお出版, 東京.

串田秀也・定延利之・伝康晴 (編) (2005)『活動としての文と発話〈シリーズ文と発話 1〉』ひつじ書房, 東京.

Proctor, Chris and Dalia A. C. Muller (2022) "Joint Visual Attention and Collaboration in Minecraft," *Proceedings of the 15th International Conference on Computer-Supported Collaborative Learning—CSCL, ed. by* Armin Chen Weinberger, Hernández-Leo Davinia Wenli and Chen Bodong, 226–233.

谷村緑・吉田悦子 (2003)「Pear Story 再考——日英語パラレルコーパスにおける指示表現の選択とその要因について」『英語コーパス研究』10, 55–72.

Tomasello, Michael (1995) "Joint Attention as Social Cognition," *Joint Attention: Its Origins and Role in Development,* ed. by Chris Moore and Philip J. Dunham, 103–130, Lawrence Erlbaum Associates, Hillsdale, NJ.

Tomasello, Michael, Malinda Carpenter, Josep Call, Tanya Behne and Henrike Moll (2005) "Understanding and Sharing Intentions: The Origins of Cultural Cognition," *Behavioral and Brain Sciences* 28, 675–691.

Whorf, Benjamin L. (1956) *Language Thought and Reality*, MIT Press, Cambridge, MA.

安井永子・杉浦秀行・高梨克也（編）（2019）『指さしと相互行為』ひつじ書房，東京．

吉田悦子（2019）「第 3 章　やりとりの不均衡性をどう調整するか──場面における共通基盤化──」『動的語用論の構築へ向けて　第 1 巻』，田中廣明・秦かおり・吉田悦子・山口征孝（編），67-87，開拓社，東京．

基盤化と発話連鎖

第 2 章

課題達成対話において基盤化を志向する 言語・非言語情報の多層的関与*

岡本 雅史

立命館大学

1. はじめに

　本稿では，英語母語話者と日本人英語学習者，及び学習者同士の課題達成対話（LEGO タスク）の観察から，基盤化（グラウンディング）において参与者による複数の異なる場への指向性が見られることを指摘し，そうした多層的な関与がどのようにして 1 つの共同活動（joint activity）としてまとめ上げられているのかを適切に記述するモデルを認知語用論の観点から提案することを目的とする。

　観察の結果，本 LEGO タスク（Clark and Krych (2004)）において教示者と作業者は，会話を交わす「コミュニケーション」の場とブロックを組み立てる「共同行為」の場という複数のレイヤーにさまざまな言語・非言語的手段を用いて多層的に関与していることが明らかとなった。そこで本稿では，基盤化におけるこうしたマルチモーダルな多層的関与を適切に捉えるため，Clark (1996) の共通基盤理論を崎田・岡本 (2010) の発話事態モデルと接合することにより，言語情報のみならず非言語情報も含めた新たな認知・相互行為モデルを提示する。

　以下，2 節では本研究の理論的背景となる Clark の一連の研究（Clark and Carlson (1981)，Clark (1996)）における共通基盤概念を導入するとと

---

* 本研究は，岡本 (2017) の論考をもとに加筆，修正を施したものである。

もに，LEGO タスクという共同行為における多層化と，ジェスチャーに代表される身振りの自己指向性について概観する。続く 3 節では実際のLEGO タスクの対話例の観察から，視線移動による場への関与の切り替え，自己指向的ジェスチャーによる基盤化，基盤化における承認発話の多義性，といった共同行為における共通基盤構築の様態を明らかにする。そして最後に崎田・岡本（2010）が提案する認知語用論の立場から，共同行為には《共同行為の場》と《会話場》，さらには《ジェスチャーによる仮想空間》といった複数のレイヤーが存在し，各レイヤーに対して両参与者はマルチモーダルな手段を用いて関与していることを指摘する。

2. 理論的背景

2.1. コミュニケーションにおける共通基盤

　Clark（1996）は，言語使用が常に話し手の意味と聞き手の理解の協調に基づいた「共同行為（joint action）」であるという立場を標榜し，そうした共同行為の達成に「共通基盤（common ground）」が必須であることを指摘している。

　Clark の共通基盤概念は当初，定指示（definite reference）のモデルとして提案されたものであったが（Clark and Carlson（1981）），後にコンテクストが関わるあらゆる言語使用を説明する上で必須のものとして発展されることとなった（Clark（1996: 92））。彼の考えを敷衍するならば，共通基盤とは，コミュニケーションの参与者が協働的に構築し，互いの発話や行為の生成・理解のリソースとする共有情報（知識・信念・想定）であると言ってよいだろう。

　この共通基盤を定式化することは，その再帰的な性質により非常に困難なものとなるが，実際の相互行為場面を観察する上で重要なのは，以下に挙げる，共通基盤が確立していることを保証する 3 タイプの証拠である（Clark and Carlson（1981: 69-71））。

物理的共在（physical co-presence）

　実際に話し手と聞き手が同じ空間におり，互いが同時に経験を行っていることをほぼ確実に意識している状態

言語的共在（linguistic co-presence）

　聞き手が知らない対象について話し手が明示的に言及することで，シンボル的にその対象を両者と共在させている状態

共成員性（community co-membership）

　話し手と聞き手の両者が参加している何らかの共同体内で既知の情報は，両者にとっても当然既知であると考えられること

　本稿で取り扱う LEGO タスクでは，教示者と作業者の間に置かれている衝立の有無によって物理的共在が変化していることがポイントとなる。つまり，教示者と作業者が本来は相互に知覚可能であった作業空間が，衝立の介在によって教示者に知覚できなくなることで，物理的共在ないし知覚的共在（perceptual copresence）（Clark（1996: 113））が不完全となり，両者の間で新たな基盤化の手立てが必要となるのである。

2.2.　共同行為における多層化

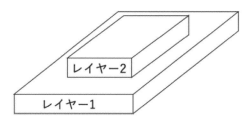

図 1：多層化（Clark（1996: 16, 354））

　一方，Clark（1996）では，共同行為の一種とみなされる会話がしばしば複数のレイヤーから構成されることが指摘されている。これは Bateson（1972）のごっこ遊び（pretend play）の観察や Goffman（1974）のフレーム分析等に基づいたものである。例えば，幼稚園児の息子が父とヒーローごっこで遊んでいる場合では，現実世界においては親子がおもちゃの武器で

ごっこ遊びを行っているが，仮想世界では互いにヒーローとその敵方として本物の武器で戦っている。このとき，図 1 のように現実世界としてのレイヤー 1 を基礎としてその上に別のレイヤー 2 が仮想世界として構築されることになる。こうした複数のレイヤーが会話の中で構築されることを Clark は「多層化（layering）」と呼び，ストーリーテリングやアイロニーや皮肉，からかい等に至るまで，そうした多層化が広範に生じていると述べている。

　先のごっこ遊びでは，この多層化の基礎となるレイヤー 1 は現実のコミュニケーションが生じている場としての《現実空間》，レイヤー 2 は参与者が共同で構築する仮想的な場としての《仮想空間》と捉えられる。しかし，ごっこ遊びのような参与者自らが複数の役割を担うようなある種の演劇的な共同行為以外においても，Clark が示唆するように会話は言語的・非言語的手段を用いて複数のレイヤーを構築する可能性があり，その場合のレイヤーは「現実 vs. 仮想」という二項対立を超えて，より複雑な様相を呈する。本稿の中心的な問いは，LEGO タスクのような課題達成対話における多層化とは何であるのか，そして各参与者は各々のレイヤーに対してどのような手段を用いて関与しているのか，という点にある。

2.3.　ジェスチャーの自己指向性

　LEGO タスクにおいては教示者・作業者が共に，頻繁にハンドジェスチャーなどの非言語的身振りを行っていることが観察される。通常は，ジェスチャーは聞き手の発話理解を助けるために行われるものと考えられているが，例えば相手に自分の姿が見えない電話会話においても人はしばしばジェスチャーを行うことが知られている（Bavelas et al.（2008））。また，先天的盲児が盲の聞き手に対してジェスチャーを行うという報告もある（Iverson and Goldin-Meadow（1998））。その意味で，ジェスチャーは他者に伝達するために行われるだけではなく，話し手自身の発話生成においても利用されるという自己指向性を持つと考えられる（cf. McNeil（1992））。

　しかしながら，自己指向的な身振りにコミュニケーション的な志向性が全くないかと言えば，そうとは限らない。例えば，発話中に生じるフィラーは一般に自己指向的な言語的身振りと捉えられることが多いが，川田（2008）

は会話中のフィラーの観察から，話し手の意図とは無関係に表出される自己
指向的な「現れるフィラー」と，この「現れるフィラー」の性質を利用して
聞き手に特定の意図を伝達する他者指向的な「使われるフィラー」の二種類
を区別している。つまり，自己指向的な身振りはそれが生起する時点におい
ては話し手自身の無意識的な表出であったとしても，それが表出されること
で話し手にとっても聞き手にとっても利用可能なコミュニケーションリソー
スとなるのである。

3.　課題達成対話の基盤化

図2：課題達成会話の多層化

　以上のような理論的背景を元に，本稿では課題達成対話においてどのよう
な手段を用いて基盤化が達成されているかを考察する。データとして用いた
のは，英語母語話者と日本人英語学習者，及び学習者同士がLEGO ブロッ
クを使用しながら特定の課題を遂行する場面の映像・音声データである（谷
村・吉田（2017））。具体的には作業者が教示者の口頭での説明に従って
LEGO ブロックを積み上げ，教示者の想定する形と一致することがゴール
となる。先述したように，各々の対話は衝立によって相手の手元が見えない
場面（＝衝立あり条件）と，衝立がなく手元が見える場合（＝衝立なし条件）
の二条件下で収録されている。
　これらのデータを観察した結果，LEGO タスクにはまず2つのレイヤー
が存在することが明らかとなった（図2）。1つは，LEGO ブロックの場と

しての《作業空間》であり，もう 1 つは教示者と作業者の《会話場》である。共同行為としての LEGO タスクは，原則としてこの 2 つのレイヤーによって多層化され，参与者はそれぞれのレイヤーに視線・手・発話を用いて関与しながら課題達成を行っている（図 2 において，破線は発話，点線は視線，実線は手による関与をそれぞれ示している）。

3.1.　視線による場への関与の切り替え

　LEGO タスクにおいて，基本的に作業者は手と視線によって《作業空間》に関与し，発話によって《会話場》に関与する。しかしながら，観察の結果として以下のような場合には視線移動によって《作業空間》から《会話場》へと関与の切替えが行われていることが明らかとなった。

(1)　視線移動による場への関与の切り替え
　　a.　教示者の指示が停滞するとき
　　b.　教示者の指示を自ら仰ぐとき
　　c.　教示者の発話の意図に対する理解や承認を表明するとき

　以下のトランスクリプトは衝立なし条件における教示者 D（英語母語話者）と作業者 B（日本人英語学習者）の対話断片である。二重下線を引いた箇所が，作業者の視線が教示者に向けられている部分となる。

(2)　NES-JEL03（衝立なし条件）[Visible 3]
07　D:　And then in the middle of that a yellow piece
08　　　（1.2）
09　B:　e[h:
10　D:　　[small=
11　B:　=sma[ll?
12　D:　　　[yep
13　B:　=okay
→ 14　D:　in the middle uh yeah okay yeah and then （0.7） on both
　　　　　sides small blue piece

```
     15  B:  okay (2.2) yes
     16  D:  yea and then on both sides of that
→    17  B:  uhn (1.6)
     18  D:  a yellow and a red piece
     19  B:  small?
     20  D:  yep
     21  B:  okay
     22  D:  at the end=
→    23  B:  =uh: whi- which is yellow? (0.7) which side is-=
→    24  D:  =u:m I guess it doesn't matter
→    25  B:  oh okay
     26  D:  yea
     27      (1.4)
→    28  B:  a:h cuz it's same?
     29  D:  yea
     30  B:  hh hh hh[h
     31  D:          [yea
     32  B:  okay (1.5) like this
```

　14 行目，17 行目，23–25 行目の下線部では教示者の指示が若干停滞した
ため，作業者が指示や回答を待つために視線を教示者に向けており，23 行
目の下線部では作業者自身が発話しながら教示者の指示を仰いでいる。そし
て 25 行目では教示者の発話に対する承認を表明し，28 行目では教示者の発
話の意図に対する理解を表明している。

　注目すべきは，いずれの場合も共同行為が円滑に進行していない場面であ
り，その微細なトラブルを「修復 (repair)」するプロセスと考えられること
である (cf. Schegloff, Jefferson and Sacks (1977))。つまり，ここでは暗
黙的な他者開始修復 (other-initiated repair) が視線を《会話場》に移すこと
によって可能となっているのである。

3.2. 自己指向的ジェスチャーによる基盤化

次に同一作業者・教示者ペアによる衝立あり条件でのデータを観察した。この場合，教示者にとっては作業者の顔は見えるが作業場面が見えない。観察の結果，衝立なし条件に比べ，教示者のジェスチャー空間が拡大し，ジェスチャー頻度が顕著に増加することが判明した。そのジェスチャーの多くはゴールとなる LEGO ブロックの完成へと至るステップをなぞった形態となっている。具体的には，以下のトランスクリプトにおける 27 行目，34 行目，37 行目の教示者のジェスチャーがそれに当たる。

(3)　NES-JEL03（衝立あり条件）[hidden with face to face 1]

21　D:　In the middle

22　B:　uhn

23　D:　In the front of [that　　]

24　B:　　　　　　　[uhn,uhn] i:n the middle

25　D:　Yep in the front

26　B:　u:h **which- which is front?**

→ 27　D:　u:h so that the: you have（1.5）s:- so the front is the nearest to you

28　B:　Okay [me

29　D:　　　 [Okay Yep

30　B:　And **which is left?**

31　D:　u- blue is left

32　B:　Blue is lef[t　　] a:nd put it（.）like（1.3）**hhh**

33　D:　　　　　 [yes]

→ 34　D:　u:h [so] >b(h)lue on the le(h)ft < <[red] on the right>

35　B:　　[hh]　　　　　　　　　　　　　　[hh]

36　B:　a[nd

→ 37　D:　 [And they're in the middle so now you have like two empty lines

38　B:　uhn

39	D:	On both si[des
40	B:	[a:h Okay]
41	D:	Yea
42	B:	I understand. Okay like this?
43	D:	Okay

27 行目では作業者 B の「どちらが前？」という質問（26）に対して，教示者 D は両手を手前に引き寄せつつ「あなたに一番近い方が前だ」と答えることで，聞き手を起点とした参照枠（Levinson（1996），細馬（2003））を設定している。そして 34 行目で青のブロックを左に，赤のブロックを右に配置するジェスチャーを両手で行い，37 行目でそれらの両側に 2 本の隙間が開くことを両手の人差し指を縦になぞることで表現している。ここで興味深いのは，いずれのジェスチャーも作業者の質問（26, 30）と困ったような笑い（32, 35）を受けて生起していることである。言い換えれば，こうした教示者の手前にある仮想空間のブロックを作業者には見えないジェスチャーで組み立てて表現する契機として作業者の質問や笑いが機能するのは，そうした作業者の言語・非言語情報の表出を，教示者と作業者の共通基盤が崩れてしまっている証拠として教示者が認識しているからに他ならない。

したがって，ここでの教示者のジェスチャーは，単なる発話生成のための自己指向的なものを超えて，教示者と作業者間の共通基盤の構築に資するものである。換言すれば，教示者のジェスチャーによって構築される仮想的な世界と，作業者が実際に LEGO ブロックを組み立てている現実世界との乖離を解消し，両者を一致させようという基盤化への志向を示すものなのである。

図 3 : ジェスチャーによる基盤化（衝立あり条件）

　先述したように，共通基盤を保証する 1 つの重要な条件として参与者の物理的共在がある。衝立あり条件においては，基本的な物理的共在が達成されながらも，視覚的に参与者同士の共通基盤の一部が未構築の状態となる。いわば，狭義の物理的共在（参与者が同時に同じ場に存在する）は成立しているが，参与者同士の「知覚的共在」が成立しなくなっている。その結果，作業者の《作業空間》としての現実の LEGO ブロックの場と，教示者が思い描く《ジェスチャーによる仮想空間》を一致させようとする志向性がここにおいて働いていると考えることができる（図 3）。上記の断片で教示者が聞き手である作業者を起点とした参照枠のジェスチャーを行っていることは，この 2 つの場を鏡合わせのように重ね合わせようとする教示者の認知を示唆している。

　衝立なし条件で教示者と作業者が関与するのは《会話場》と《作業空間》の 2 つのレイヤーであったが，衝立の介在によって，作業空間に対するアクセシビリティが作業者と教示者で非対称なものとなり，その結果，新たに教示者が構築する《ジェスチャーによる仮想空間》というレイヤーが生起する。このように，LEGO タスクにおいては，共通基盤が確立している証拠としての知覚的共在が果たされないことを背景にして多層化が進展する。そもそも共通基盤は参与者同士の相互行為の以前に所与のものとして存在するのではなく，むしろ相互行為を通じてそのつど構築されるものである。したがって，共通基盤は相互行為の「失敗」によって初めてそれが未成立であっ

たことが顕在化するため，上記の断片（3）における作業者の質問や笑いは，断片（2）の視線移動と同様に，一種の他者開始修復として機能するものと捉えることができるだろう。

3.3.　基盤化における承認発話

　一方，今回の分析データでは衝立の有無に拘らず，作業者・教示者のいずれもが頻繁に承認発話を行っていることが観察された。以下に示す同じ対話断片のトランスクリプト（2′）における太字部分がそれに該当する。

(2′)　NES-JEL03（衝立なし条件）[Visible 3]

```
07  D:  And then in the middle of that a yellow piece
08      (1.2)
09  B:  e[h:
10  D:   [small
11  B:  =sma[ll?
12  D:      [yep=
13  B:  =okay
14  D:  in the middle uh yeah okay yeah and then (0.7) on both
        sides small blue piece
15  B:  okay (2.2) yes
16  D:  yea and then on both sides of that
17  B:  uhn (1.6)
18  D:  a yellow and a red piece
19  B:  small?
20  D:  yep
21  B:  okay
22  D:  at the end=
23  B:  =uh: whi- which is yellow? (0.7) which side is-=
24  D:  =u:m I guess it doesn't matter
25  B:  oh okay
```

26　D:　**yea**

27　　　(1.4)

28　B:　a:h cuz it's same?

29　D:　**yea**

30　B:　hh hh hh[h

31　D:　　　　　[**yea**

32　B:　**okay** (1.5) like this

　14 行目では教示者は作業者の発話の一部を反復した直後に承認発話を行い，続けて「(それを) 真ん中に … そう」という形で，新たな指示を行った直後に作業者がブロックを適切な位置に置いたことを目で確認してから承認発話を行っている。一方作業者は，教示者の指示に対して (17)，自身の疑問への教示者の回答に対して (25)，さらには作業者の承認発話に対する承認として (21, 32)，承認発話を行っていると思われる。このように承認発話の向けられている対象や事態は先行発話における指示内容から相手の承認行為，さらには作業空間におけるブロックの適切な配置に至るまで多岐にわたっている。

　Clark らによれば，会話において共通基盤を構築するプロセスは，話し手が聞き手が考慮すべき発話を行う「提示フェイズ (Presentation Phase)」と，聞き手が話し手の発話の意味を理解していることを示す「受容フェイズ (Acceptance Phase)」の 2 つのフェイズに分けられる (Clark and Schaefer (1989: 265))。この後者の受容フェイズにおいて聞き手が発話の理解を示すために行う行動を，Clark らは「注意の継続 (continued attention)」，「関連する次発話の開始 (initiation of the relevant next contribution)」，「承認 (acknowledgement)」，「理解部分の明示 (demonstration)」「逐語的提示 (display)」の 5 つに整理している (ibid.: 267)。Clark らはこれらが理解を示す証拠として，順に弱いものから強いものへと捉えることができるとしているが，岡本 (2018) ではこれらを「理解提示方略」と呼称し，このうち「理解部分の明示」と「逐語的提示」が聞き手が明示的に自身が理解している情報を提示している一方で，「注意の継続」と「承認」が話し手の発話のどの

レベルを聞き手が理解しているかを明示しない方略であることに着目する（岡本 (2018: 60)）。

　上記の衝立なし条件の対話断片では，14 行目で教示者の先行発話の「逐語的提示」が観察される以外は「承認」の発話でほぼ対話が進行していた。このことが示唆しているのは，明示的な理解提示が必要な《会話場》のみならず，LEGO ブロックの《作業空間》への継続的なコミットメントが教示者と作業者共に成立しているという事態である。(3)の衝立あり条件と異なり，衝立なし条件では「知覚的共在」が成立している。その結果として明示的な理解提示による基盤化に依存せずに，共同行為にコミットすることが可能となっていると考えられる。

4.　発話事態モデルと共同行為場面

　崎田・岡本 (2010) は，認知語用論の立場から会話における聞き手の発話理解の諸相を考察し，聞き手による発話理解を「返答可能性」の問題として捉え，承認発話が先行発話の何を承認しているのかを論じている。例えば，友人同士が会話していて，一人が「昨日枕元に幽霊がいてさ」と話しかけた際，相手が「うん」と短い返答を返した場面の承認対象は，(i) 昨日話し手の枕元に幽霊がいたという〈事実〉，(ii) 事実はどうあれ，枕元に幽霊がいたと話し手が感じたという話し手の〈認知〉，(iii) 話の真偽はさておき，話し手がとりあえず何らかの体験を聞き手に語ろうとしているという〈発話行為〉，といった複数の可能性があることを「発話事態モデル」（図4）を用いて示唆した。こうした承認発話の多義性は「承認」の代わりに「そんなわけないだろう〈＝事実性の否定〉」(i′)，「そう見えただけじゃない？〈＝話者の認知の対象化〉」(ii′)，「それがどうしたの？〈＝発話意図の確認〉」(iii′)，といった多様な返答によって初めて顕在化する（崎田・岡本 (2010: 149)）。一方で，「うん」という承認発話を対話相手が問題視しない限りは承認対象を顕在化する必要はどちらの参与者にとっても不要である。このことは，先述したように共通基盤が相互行為の「失敗」ないし「修復開始」によって初めてその未成立が顕在化することと相似した性質を持つ。

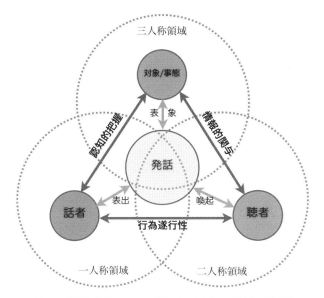

図 4：発話事態モデル（崎田・岡本（2010: 147））

　これに基づくと，共同行為においてはさらに，発話事態としての《会話場》だけではなく，《作業空間》としての共同行為の場においても，同様の多様な関係性へのコミットメントがあると考えられる。つまり，共同行為を実現する視線やジェスチャーなどの非言語行動を発話の位置に置けば，〈送り手／話者〉が〈言語／非言語行動〉を媒介として〈受け手／聴者〉に自身が認知的に把握した〈対象／事態〉への情報的関与を促すという行為を遂行している点で全く同一の構造を持つ。参与者は発話やジェスチャー（ないしは手による操作），視線といった複数の言語・非言語的手段によって，複数のレイヤーにそのつど関わっている。そして図 5 に点線で示したように各参与者がそれぞれ自身の立場を切り替えながら，その言語・非言語の表出が各レイヤーとしての場に内在する参与項間の諸関係にコミットするのである。さらに 3.2 節で示したように，参与者間の知覚的共在が成立しない場合は《ジェスチャーによる仮想空間》のような新たなレイヤーも追加され，より複雑な関係性のネットワークを生じさせる。

　このように，共同行為場面では発話や視線，ジェスチャーなど様々なコ

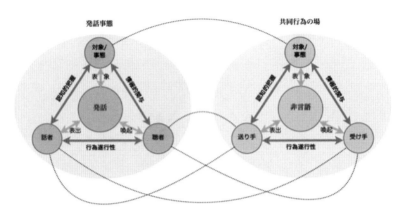

図5：発話事態モデルと共同行為の場

ミュニケーションモダリティによって，多層的な場への関与の切り替えや基盤化を行っていると考えることができる。

5.　おわりに

　本稿では課題達成対話における共通基盤構築について LEGO タスクの事例分析を元に検討した。結果として，共同行為としての LEGO タスクには LEGO ブロックが組み立てられる《共同行為の場》と，教示者と作業者が会話を交わす《会話場》，さらには《ジェスチャーによる仮想空間》という複数のレイヤーが多層的に存在することが分かった。各レイヤーに対して各参与者は言語・非言語にまたがるマルチモーダルな手段を用いて関与している。つまり，発話だけでなく，視線やジェスチャーなどが異なる場への関与と参与者の指向性を暗示しているのである。例えば，視線移動は一種の修復開始として共同行為の円滑さを調整し，教示者の自己指向的ジェスチャーは現実の作業空間とジェスチャーによる仮想空間の一致を志向する。そして，承認発話は複数の場への多義的な関与を潜在的に示している。

　この結果が示唆するのは，共同行為において共通基盤が実際に参与者間で構築されているか否かではなく，むしろ参与者が共通基盤を構築しようとする姿勢や志向性こそが重要であるということである。

参考文献

Bateson, Gregory (1972) *Steps to an Ecology of Mind*, University of Chicago Press, Chicago/London.

Bavelas, Janet, Jennifer Gerwing, Chantelle Sutton and Danielle Prevost (2008) "Gesturing on the Telephone: Independent Effects of Dialogue and Visibility," *Journal of Memory and Language* 58(2), 495–520.

Clark, Herbert H. (1996) *Using Language*, Cambridge University Press, Cambridge.

Clark, Herbert H. and Thomas B. Carlson (1982) "Hearers and Speech Acts," *Language* 58(2), 332–373.

Clark, Herbert H. and Meredyth A. Krych (2004) "Speaking while Monitoring Addressees for Understanding," *Journal of Memory and Language* 50(1), 62–81.

Clark, Herbert H. and Edward F. Schaefer (1989) "Contributing to Discourse," *Cognitive Science* 13(2), 259–294.

Goffman, Erving (1974) *Frame Analysis: An Essay on the Organization of Experience*, Northeastern University Press, Boston, MA.

細馬宏通 (2003)「対面会話におけるジェスチャーの空間参照枠と左右性」『人工知能学会 言語・音声理解と対話処理研究会資料 (JSAI Technical Report, SIG-SLUD)』37, 157–160.

Iverson, Jana M. and Susan Goldin-Meadow (1997) "What's Communication Got to Do with It: Gesture in Blind from Birth Children," *Developmental Psychology* 33(3), 453–467.

川田拓也 (2008)「ポスター会話におけるフィラーと視線の同期について」『京都大学言語学研究』27, 151–168.

Levinson, Stephen C. (1996) "Frames of Reference and Molyneux's Question: Crosslinguistic Evidence," *Language and Space*, ed. by Paul Bloom, Merrill F. Garrett, Lynn Nadel and Mary A. Peterson, 109–169, MIT Press, Cambridge, MA.

McNeill, David (1992) *Hand and Mind. What Gestures Reveal about Thought*, University of Chicago Press, Chicago.

岡本雅史 (2017)「課題達成対話の基盤化を実現する言語・非言語情報の多重指向性」『日本語用論学会第 19 回大会発表論文集』12, 275–278.

岡本雅史 (2018)「聞き手行動が孕む二重の他者指向性——漫才のツッコミから見る聞き手行動研究の射程」『聞き手行動のコミュニケーション学』, 村田和代 (編), 59–88, ひつじ書房, 東京.

崎田智子・岡本雅史 (2010)『言語運用のダイナミズム——認知語用論のアプローチ』

研究社出版, 東京.

Schegloff, Emanuel A., Gail Jefferson and Harvey Sacks (1977) "The Preference for Self-correction in the Organization of Repair in Conversation," *Language* 53(2), 361–382.

谷村緑・吉田悦子 (2017)「課題達成対話における日本人英語学習者の基盤化形成とジェスチャーの同期」『日本語用論学会第 19 回大会発表論文集』12, 289–292.

コラム

基盤化と共通基盤，閉世界と開世界

高梨克也（滋賀県立大学）

　レゴ課題に似た対話課題に地図課題がある（堀内ほか（1999），高梨（2021））。地図課題では教示者が記入者にルートを伝えるが，両者の地図にはさまざま異同がある。対話参加者はひとたびそのことに気づくと，教示者「で大滝がある？」→記入者「うんうんあるある下に」（日本語地図課題コーパス j7e4）のようなやりとりをしばしば行う。指示対象「大滝」が記入者の地図にも存在しているかをルートの教示に先立って確かめているのである。Clark（1996）は基盤化を「当面の目的に充分な程度の共通基盤の一部を形成すること」（p. 221）と定義しており，こうした例は明示的な基盤化のためのやりとりと言える。

　その一方で，この定義に登場する「共通基盤」についても，Clark（1996）はさまざまな種類のものを挙げている（chap. 4）。重要なのは，その場の相互行為を通じて基盤化されることによって共通基盤となるものと，相互行為内でのさまざまな発話に先立って，その発話の理解のための前提とされるものとに，共通基盤が大別されることである。多くの基盤化の研究では前者に焦点がある。他方，後者の中にはコミュニティ的や個人的な共通基盤もある。発話や言語行為の理解の際に共通基盤が前提とされるという点は移動販売（高梨ほか（2023））における販売員「どうする？切り落としは」→購買者「切り落とし，今日はいい」のようなやりとりによく表れている。この販売員の発話は「この購買者はいつもよく切り落としを購入する」という両者の間での個人的な共通基盤を前提としている。

　人工知能分野における「フレーム問題」は行為主体が考慮すべき情報の範囲を限定できないことから生じる（松原（1990）などを参照）。そのため，かつての人工知能開発では，将棋やチェスのように，推論範囲を有限空間中に限定できる「閉世界」の課題が多く扱われた。対話研究で実験的に用いられる地図課題やレゴ課題も同様に閉世界の課題である。そのことにより，さまざまな社会的属性や言語運用能力の対話参加者が課題に参加しやすくなる。同様に，Goffman（1961）はゲームには「無関連のルール」があると言

う。ゲーム外でのプレイヤーの社会的地位などはゲームの中に持ち込まれてはならないということである。このことがゲームの「面白さ」を可能にしている。この点もさまざまな対話課題に共通しているだろう。

　その一方で，現実世界の相互行為の多くは「開世界」で行われている。そのため，「基盤化を通じて共通基盤が形成される」という方向ではなく，その逆の「既存の共有基盤を前提として新たな基盤化が可能になる」という方向の議論を進める際には，対話課題で見られたさまざまな現象が開世界でのそれとどのように異なっているのかという点にも注意を払う必要がある。

参考文献

Clark, Herbert H. (1996) *Using Language*, Cambridge University Press, Cambridge.

Goffman, Erving (1961) *Encounters*, The Bobbs-Merrill Company, Inc., Indianapolis.［佐藤毅・折橋徹彦（訳）(1985)『出会い：相互行為の社会学』誠信書房，東京.］

堀内靖雄他 (1999)「日本語地図課題コーパスの設計と特徴」『人工知能学会誌』第 14 巻 2 号，261-272.

松原仁 (1990)「一般化フレーム問題の提唱」『人工知能になぜ哲学が必要か：フレーム問題の発端と展開』，J. マッカーシー・P. J. ヘイズ・松原仁，哲学書房，東京.

高梨克也 (2021)「地図課題コーパス：対話トレーニングプログラムと対話研究とのもう一つの接点」『研究者・研究職・大学院生のための対話トレーニング』，加納圭・水町衣里・城綾実・一方井祐子（編），99-100，ナカニシヤ出版，京都.

高梨克也・丸山真央・相川陽一 (2023)「山間地域における移動販売のコミュニケーション分析──地域コミュニケーション学に向けて──」『人間文化』第 54 巻，38-51.

第 3 章

対話における非対称性をどう調整するか
—質問発話が後続の発話連鎖に与える影響—*

吉田　悦子

滋賀県立大学

1.　はじめに

　課題遂行発話において，1 つの課題を達成するという目標のためには相互に協力して，段階的に共有知識を共同構築していく必要がある。特に，レゴ・ブロックを用いた英語母語話者（教示者）と英語学習者（作業者）との二者課題達成対話（以下，レゴタスクと略称）ではそれぞれに固定された役割や情報の優位性，言語運用上の能力などの点で非対称性が明らかであり，やりとりを構築するためには相互行為による双方向的な言語活動が欠かせない。本章では，こうした課題型のやりとりで頻出する発話行動の 1 つ，質問発話で始まる発話連鎖を取り上げる。質問発話は，課題の進行において，正確な発話理解のための確認や修正へのきっかけになる発話行動である。たとえば，谷村ほか（2015）では，非母語話者の発する質問行動や確認行動が，母語話者への気づきや修正を促し，その結果，相互調整をうながす行動につながる可能性が既に指摘されている。さらに，相手の顔や表情が見えず，かつ，作業状況の手がかりになる手元が見えない条件下でのやりとりにおいて，質問発話で始まる相互調整は重要な機能を果たすと考えられる。特に，教示行動を担う母語話者の視点からも，非母語話者側からの言語的反応は，最終的な課題達成の成否を左右する情報源として基盤化に貢献するも

---

　* 本研究は，吉田（2023）の論考をもとに大幅な加筆，修正を施したものである。

のと期待されている。

　しかしながら，実際にこうした質問発話が後続の発話連鎖にどのような影響を与えているのかについては，未だ十分には解明されていない。本稿では，非母語話者から始まるこうした質問発話のタイプを複数取り上げ，発話連鎖を手がかりにして，どのようなパターンの発話交換や相互調整が課題達成には有効かを質的に分析する。母語話者と非母語話者とのやりとりの連鎖に関わるコミュニケーション上の影響については「聞き手デザイン (audience design)」と呼ばれる，[1] 話し手が聞き手の理解に合わせて行うさまざまな調整や，社会認知的な発話行動との結びつきを指摘する。そして，こうした発話連鎖が対話者のコミュニケーション上のストラテジーの1つとして，有効に働いているパターンを抽出し，学習者の言語資源としての質問発話の活用性を例証する。本章は，まず，2 節で研究の背景を述べ，3 節で分析データと研究方法，4 節で分析と結果，および事例を検討する。そして，5 節で考察し，6 節でまとめる。

2.　基盤化と発話連鎖

　基盤化 (grounding) とは，共有信念に基づく相互行為を通して，対話参与者の間で共通基盤 (common ground) の形成が行われていく過程のことである (Clark (1996)，高梨 (2016))。基盤化形成は，日常的なコミュニケーション活動のさまざまな過程で観察され，心理学的な実験手法を中心として，具体的な発話行動の分析が検討されてきた (Clark and Brennan (1991), Clark and Schaefer (1989), Clark and Wilkes-Gibbs (1986))。[2] 実験語用論の研究成果も取り入れて，[3] 田中 (2019) は表1のように共通基盤化に至る4つの phase を段階的に設定し，この4つの phase のどの段階でも共通基盤化は起こりうることを推定し，検証している。

---

[1] Bell (1984) の用語。言語心理学分野では recipient design を使用することが多い。
[2] 石崎・伝 (2001) の解説を参照。
[3] Keysar, Barr and Horton (1998) に基づいて，考案されている。

Phase 1	話し手の自己中心的な（egocentric）な局面（エラーが起こりやすい）。
Phase 2	聞き手（や話し手自身）による修復や指示対象の検索が行われる局面。
Phase 3	話し手が聞き手デザインを駆使したり，聞き手が推論・連想などによって会話の共同構築が行われる局面。
Phase 4	最終局面。共通基盤化の完成。

表 1：共通基盤化に至る 4 つの phase（田中（2019））

本章で対象とする質問発話は，会話分析研究において，質問と応答をペアとする条件的関連性の強い隣接ペアの 1 つである（Sacks, Schegloff and Jefferson（1972））。質問発話から始まる連鎖は，参与者の知識状態を確認しながら，共有知識を更新していく基盤化の過程に貢献している（Clark（1996））。たとえば，二者対話による類似の課題達成型データである地図課題対話では，教示を行う前に，相手がどんな情報をもっているかをあらかじめ把握するための発話行動が認められる。その 1 つとして，相手の地図にある目標物の存在を確認する質問発話（*Do you have a van?* や *Have you seen three pelicans?*）が事前の情報収集として機能しており，その後，本題である道案内の教示を始めるプロセスがあり，相手の知識状態が確認できた上で指示を出す言語行動に移行する事例が指摘されている（Miller and Weinart（1999/2009））。

　しかしながら，英語母語話者と非母語話者という非対称的な関係性においては言語運用の点やさまざまな社会認知的視点から，母語話者間のやりとりとは異なる基盤化のパターンを想定する必要がある。Kecskes（2014: 160-161）は，共通基盤を，core common ground と emergent common ground に分けて議論している。そして，異文化間コミュニケーションにおいては，異なる背景知識や，特定的な共通知識・信念を持つ対話者の間で，動的かつ創発的に形成される共通基盤である emergent common ground に焦点を当て，その場限りではあっても，当該の発話場面の問題解決に最も即した発話理解行動が求められることを例証している（Kecskes and Zhang（2019））。

レゴタスクの対話においても，両者の心理状態をより対等な関係に近づける
ため，さまざまな調整を行う場面もあり（たとえば，代名詞 inclusive *we*
の使用（谷村・吉田・仲本 (2015)）やジェスチャーを同期させることで相
互理解のチャンネルを増やす方略（谷村・吉田 (2017)）など），非母語話者
の言語・非言語行動によって母語話者の言語行動に変容をもたらす可能性が
指摘されている（平田・杜 (2023)）。[4] 一方で，レゴタスクにおける質問発
話は，その開始の多くが作業者である非母語話者から発せられ，おうむ返し
に近い短い語句レベルや陳述的な節形式をとるプライミングの反復（第 6 章
を参照）の事例と一致する質問発話タイプと，教示者が作業者との確認作業
を強化するために行われる質問発話タイプ，と主に 2 つのタイプが認めら
れる。ここでは音調的に上昇調である語句レベルの発話や質問形式の節構造
をとる発話を広く「質問発話」と呼び，その機能について「確認」という表
現も用いて区別する。

　こうした 2 つのタイプの質問発話から始まる連鎖を分析するために，ムー
ブ（move）によるコーディング（Carletta et al. (1997)）を利用する。ムー
ブとは対話の局所的な構造として，ターンの下位分類として位置づけら
れる。ムーブには発話単位として統一された単位はなく，相互行為の基本
的なユニットである conversational games を支える下位分類である。
ムーブは，本来，地図課題対話データの分析（Anderson, et al. (1991)）に
特化した発話機能タグとして考案されたアノテーションであるが，一般
的な課題達成型の対話分析に援用することができる。

　対話進行におけるムーブの役割は initiation, response, preparation の
3 つのカテゴリーに分類され，以下のようにさらに下位分類される（Car-
letta et al. (1997)）:[5]

---

[4] たとえば，非母語話者の発話順番を確保するために，カードを提示する方法を取り入
れた話し合い活動の事例が示されている。
[5] preparation については今回取り上げない。

The initiation moves（開始）の分類：

(1)　Instruct move: 指示

(2)　Explain move: 説明

(3)　Align move: 次の発話に移ってよいか，説明に同意しているかを確認する質問

(4)　Check move: 発話内容や情報について確認する質問

(5)　Query-ynmove: yes/no が答えとして想定される質問

(6)　Query-wmove: wh で始まる質問

The response move（応答）の分類：

(7)　Acknowledge move: 理解したことを示す返答（認定）

(8)　Reply-y-move: yes/no の質問に対する yes の返答

(9)　Reply-n-move: yes/no の質問に対する no の返答

(10)　Reply-w move: yes/no の質問以外の質問に対する返答

(11)　Clarify move: 確認に対する返答

このリストの中で，質問発話に該当するムーブは（4）（5）（6）であり，その応答として，（4）に対しては（11），（5）に対しては（8）もしくは（9），（6）に対しては（10）が対応すると想定されるが，実際の発話連鎖において，こうしたやりとりペアのモデルがどのように機能しているかを分析する必要がある。特に非母語話者の質問発話は，節形式を取らない質問や先行発話の（部分）反復発話として語句形式をとるものが主流であり，（4）Check move（確認）として機能しているものが多い。

　中級・上級学習者のやりとりにおいて，こうした機能的カテゴリーは有益であるが，実際の発話形式から機能を絞り込めない事例もあり（'the blue block' 語句のみの発話や，'The first stair is red' のような陳述文の機能が，質問なのか確認なのか，情報提供なのかは，発話連鎖から判断しなければならない），アノテーションの形式に加えて，発話機能の解明には発話連鎖を分析する必要がある。

　さらに，基盤化のモデルとその実態を考察するために，田中（2019）で導入された基盤化の 4 つの phase をこのレゴタスクによる対話の流れに当

てはめると，以下のように推定される。

Phase 1	話し手の自己中心的な（egocentric）局面は，指示者から作業者への指示，情報提供の段階に相当する。
Phase 2	聞き手による修復や指示対象の検索が行われる局面は，作業者がタスクを実行し，確認，修正，承認する段階に相当する。
Phase 3	話し手が聞き手デザインを駆使したり，聞き手が推論・連想などによって会話の共同構築を行う局面は，指示者/作業者両者による作業状況のモニタリング，質問応答発話による相互調整の段階に相当する。ただし，課題進行によってはこの phase を含まない場合もある。
Phase 4	最終局面はブロックの完成場面である。ただし，作業はブロックのパーツごとに段階的に行われるため，最終局面までの間に複数回現れる。

表 2：レゴタスクにおける 4 つの phase（吉田（2019）を一部改変）

吉田（2019）で考察したように，教示行為から確認行為，共有知識の更新という一連のプロセスは，課題遂行の 4 つの phase で使い分けられる傾向がある。しかしながら，この 4 つの phase は必ずしも順番に進行するわけではなく，phase を積み重ねて，段階的に課題を達成する方略には，条件によって異なりが見られる（たとえば，Phase 3 の段階を持たない発話連鎖がある）。したがって，phase のモデルは有効であるが，実際のやりとりは，よりダイナミックに変化すると想定するのが妥当であろう。予想では，衝立あり条件（非対面）では Phase 3 の段階でのやりとりが多くなることが想定される。同時に，この段階での問題解決ができる場合には課題遂行の成功率は高くなると考えられる。

3.　分析データの概要

3.1.　調査協力者

　調査協力者は，英語母語話者（NES: Native English Speaker）と日本人英

語学習者（JEL: Japanese English Learner）のペア（10 組）で，NES は大学の教員，JEL は同大学の学生である。学習者の TOEIC スコアは，600 点台から 900 点台で，そのスコアに応じて中級ペアと上級ペアにグループ分けをした。本研究ではこの 10 組のデータを使用する。

3.2.　課題の設定

　課題達成対話は，Clark and Krych（2004）が開発したブロックを積む課題である「レゴタスク」を使用した対面対話を基調としている。対話者は，教示者（NES）と作業者（JEL）という役割に固定され，机と机の間にある衝立（お互いに非対面：hidden with non-face-to-face）を挟んで課題に取り組む。[6] 指示者は手元で写真で完成したモデルを見ながら説明し，衝立の反対側にいる作業者は，その説明を聞いて，ブロックを積む作業を行う。最後に写真と同じになったかどうかを相互に確認するという流れである。写真として使用したレゴブロック（4 つの突起のある正方形と 8 つの突起がある長方形）は，6 個から 8 個を使い，3-4 層の高さに積み上げて複数のモデルを製作し，5 枚を 1 セットとして，課題の写真を用意した（実験条件と手順については（谷村（2013），谷村ほか（2015）を参照）。

4.　分析結果

　ここでは，タスクの正解数の分析結果と対話事例における分析の結果を示す。

4.1.　タスクの正答数

　図 1 は，衝立あり（非対面）の中級 JEL と上級 JEL を合わせた 10 ペアに関して，5 種類の異なるモデルの完成に取りくんだタスクの正答数を示したものである。（本文中，中級ペアは「中級 1」〜「中級 5」，上級ペアは「上

---

　[6] NES と JEL のペアだけ 2 段階の hidden の条件がある（hidden with face-to-face と hidden with non-face-to-face）。

級 1」～「上級 5」で示す。)

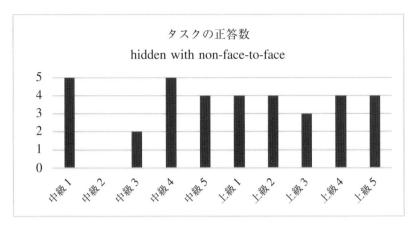

図 1：NES-JEL ペアのタスクの正答数

図 1 の結果が示すように，中級ペアではばらつきが大きく，5 種類全てがモデルと一致したペアが 2 組（中 1，中 4）ある一方で，全て不完全なペアが 1 組（中 2），正解が 2 つのみのペア（中 3）が 1 組であった。一方，上級ペアでは完全に一致したペアはなく，平均しておよそ 4 種類のモデルに正答するという安定性が見られた。この結果から，学習者の英語運用力とタスク達成度の成否についてある程度の関連性は認められるものの，正答数の背景には，個々のペア同士が課題に対して協力的に取り組む意欲や創発的に導入される相互行為上の工夫，そして何よりも確認や修正のやりとりを通して，共通基盤を形成していく「共有知識の更新プロセス」の質的内容に左右される傾向があるのではないかと想定される。したがって，どのように共有知識が更新されていくのかを知るためには，実際のやりとりのデータを質的に検討する必要がある。

4.2.　タスクの質的分析

　質問・確認発話のタイプを質的に分析すると，JEL が始める質問発話の多くは，(4) の Check move に属するタイプが主流で，直前の母語話者の発話内容や提供する情報について確認する挿入連鎖（insertion sequence）の

ような隣接ペアを構成するものである（Schegloff（1972））。ここでは，課題の正解モデル事例として対話からの抜粋（1）（2）（3）（4）を，また不正解モデル事例として対話からの抜粋（5）（6）を検討する。JEL は中級・上級の両方のレベルである。

4.3.　正答モデル事例

　正答モデルの事例には，全てに共通しているわけではないが，JEL から開始される質問・確認発話にはいくつかのパターンが観察される。まず，最初のパターンとして NES への修正を促している抜粋の（1）を見てみる。（質問発話は $\boxed{\text{XXXXXX}}$ のように囲んでいる）

　抜粋（1）

　　1　NES:　And then, I want you to take a lo:ng green one
　　2　JEL:　hum hum
　　3　NES:　and put it on top of the yellow and blue.
　　4　JEL:　Okay. (1:0) $\boxed{\text{Blue one is right side?}}$
　　5　NES:　Oh, sorry, the blue one is on the <left side> and the yellow
　　　　　　one is on the right side.
　　6　JEL:　Okay.

（中級 1）

1 行目，3 行目の NES の指示の後に JEL は 4 行目で blue の位置を 'right side' と確認している。これを受けて NES は 5 行目で 'the blue one is on the <left side>' と誤りについてまず修正し，続けて 'the yellow one is on the right side.'（5 行目）と新たに正しい情報を追加している。

　こうした JEL からの確認発話から始まる挿入連鎖は，後続の NES から JEL の教示パターンに少なからず影響を及ぼすことがある。次の抜粋（2）では，JEL の質問発話が NES の反復発話による確認，さらに WH 疑問節による質問発話の連鎖へ続いている事例である。

抜粋 (2)

 1　NES:　I want you to put a- a- (2:0) small red piece on top of the
 　　　　　　blue piece,
 2　　　　　right >next to the green one<
 3　JEL:　On blue one?
 4　NES:　Yea, on top of the blue, right next to the green piece, small
 　　　　　　red piece.
 5　　　　　(2:0)((JEL は作業している))
 6　　　　　Okay?
 7　JEL:　Okay.
 8　NES:　So how many holes or (pegs) are showing on the blue piece?
 9　JEL:　Two holes.
10　NES:　Two holes, good. And I want you to do the same thing on
 　　　　　　the other side,
11　JEL:　hum.

（中級 1）

1-2 行目の NES の教示の後，JEL は 3 行目で 'On blue one?' と短い質問
発話を行い，それに対して NES は語順を変えながらほぼ同じ表現を反復し
て確認している（4 行目）。さらに NES は JEL の作業完了を確認後（6 行目
'Okay?'），談話標識 So で始まる WH 疑問節による質問発話である 'how
many ...' によって，視覚的に the blue piece の突起の数がいくつ確認でき
るかを問うている（8 行目）。その数が 2 つあることを相互に確認した（9-10
行目）後，NES は次の教示へと移行している（10 行目）。

　このように，いずれも JEL からの質問発話によって NES の修復と確認
（抜粋 1），同様に JEL からの質問発話によって NES の反復確認，さらに
NES による質問発話から JEL の応答，続いて NES の認定（抜粋 2）のよ
うに発話行動が拡張しており，JEL の質問発話が後続する NES の発話展開
に大きく影響している。このような作業者から教示者への質問発話で始まる
Phase 2 の段階は，中級と上級のレベルの違いはさほど関係なく，NES と

JEL との間で創発的に生起する共通基盤化の1つとして考えられる。

　さらに，抜粋（2）とは少し異なる成功事例である抜粋（3）では，NES は黄色と青のブロックの間にスペースを空けるよう教示している（1行目と3行目）。これに対して，JEL は，直ちにそのスペースが2つなのか1つなのか，ブロックの突起の数により，その空けるべき幅を確認している（6行目）。

抜粋（3）

1	NES:	I want you to have a space
2	JEL:	mm-um
3	NES:	In between the yellow and the blue
4	JEL:	Ah, Okay
5	NES:	Okay?
6	JEL:	So, two or two spaces, two circles spaces or one
7	NES:	Two circle spa[ces shou]ld be even
8	JEL:	[Ah Okay] ah Okay yes
9	NES:	So how many circles can you see on the blue?
10	JEL:	Six
11	NES:	Great
12	JEL:	Okay

（上級1）

6行目の JEL の発話は Check move（提供された情報が正しいかどうかの確認を要求している）とみなされる質問発話のタイプであり，'two spaces' と言った直後に 'two circles spaces' と明示的に言い換えて，自己反復しているのに対して，NES も 'two circle spaces' を反復して，そのスペースは 'even' であることを再確認する（7行目）。8行目の JEL の認定（'Okay'）で共通基盤が完成したと推定されるが，NES は，さらにその基盤化の確証を得るため，統括的な談話標識 So で始まる WH 疑問節による質問発話 'So how many circles can you see on the blue?'（9行目）を行う。それに対する JEL の応答 'Six'（10行目）は，NES の肯定的な認定 'Great'（11行目）

によって，共通基盤が強化される。したがって，抜粋（3）では，抜粋（2）
において JEL の質問発話から NES による WH 疑問節の質問発話へとつな
がる連鎖と同様に，やはり JEL の働きかけから始まる NES の質問発話の
創出が，基盤化に貢献しているといえる。

　このやりとりの続きをさらに抜粋（4）で見てみる。

　抜粋（4）

1	NES:	Great. Okay. On top of the blue
2	JEL:	mm-um
3	NES:	I want you to put one small red
4	JEL:	Small re[d]
5	NES:	[mm-um]
6	JEL:	So we can see the blue two circles
7	NES:	That's right
8	NES:	Is the red next to the green?
9	JEL:	N[o]
10	NES:	[hhh.] You should put the red right [next to] the green
11	JEL:	[Ah, Okay]
12	NES:	They should be touching.
13	JEL:	Yeah
14	NES:	Okay
15	JEL:	Okay
16	NES:	Now I want you to do the same thing on the yellow
17	JEL:	mm-um
18	NES:	But with the blue block
19	JEL:	Blue bloc[k]
20	NES:	[Th]e little blue block. Okay
21	JEL:	Okay:
22	NES:	How many yellow circles can you see?
23	JEL:	Two

24　NES:　Great. And they are on the end, right? They are on the fur-
　　　　　 thest end
25　JEL:　 Right

（上級 1）

3 行目から，NES が次の教示を始めた後，JEL は自発的に現在のブロック
の状態を描写する陳述文 'So we can see the blue two circles' を発話し（6
行目），確認を求めている（これを Check move とみなす）。これに対して
NES は 'That's right' と認定した直後に，Yes-No 疑問発話（'Is the red
next to the green?'）を続けている（8 行目）。この質問発話は JEL の 6 行目
の説明発話に促されたものと思われる。これに対する JEL からの応答 'No'
を受けて，NES は直ちに修正を求め，'the red next to the green' の説明を
反復し（10 行目），さらに 'They should be touching' と情報を追加してい
る（12 行目）。NES はこの作業の完了を確認したのち，次の教示に移行す
る。ここでも，NES は同様の作業を別の色ブロックで求めている（16-18
行目）。さらにこの作業の後でも，NES は，WH 疑問節による質問発話
'How many yellow circles can you see?'（22 行目）を行い，明示的な回答
（'Two'）を作業者から引き出した後（23 行目），さらに，正しくブロックが
位置されているのかを確認する質問発話 'And they are on the end, right?'
を行っている（24 行目）。こうした連鎖は，少し前のやりとりで（8 行目）
作業者のブロックの位置関係が間違っていて，修正を促したことがきっかけ
になっていると考えられ，対話者は，追加の確認を随時行うことで，位置関
係の補足を行い，共通基盤の完成に貢献しているといえる。

4.3.　不正答モデル事例

　本研究の課題の条件は，衝立で遮られた状況で視覚情報がないため，言語
情報のやりとりを頼りに段階的に共通基盤を形成していく過程は，試行錯誤
の連続である。ペアごとに課題達成の方法は異なれど，共通していること
は，JEL からの質問や情報提供による確認が NES の教示方法に変容を与え
ている可能性がある点である。しかし，一見やりとり上は成立していても，

結果的には不正答となった事例は多い。ここでは，不正答モデルにおける JEL の問い返しで始まる抜粋（5）を検討する。

抜粋（5）

```
 1  NES:  Make a small "T" shape, not across a small "T" shape.
 2         (5:0) All right?
 3  JEL:  Small "T"?
 4  NES:  um:
 5  JEL:  Not cross?
 6  NES:  Not across, like a it should look like letter "T".
 7         Okay, great. So now (2 : 0) ah:: °hold on second°  (3:0)
           Your "T"
 8         shape um:: the top of the "T" should be um: the block is
           the top of
 9         "T". This should be on the bottom, and then the down part
           of the "T"
10         the block should be on the top. (2:0) Okay?
11  JEL:  Small yellow "T" i-is connected green block and red block.
12  NES:  Ah, opposite please, please put this "T" on to the blue
           block and
13         connected the red block.
14  JEL:  Blue , (4:0) blue block and
15  NES:  So this small "T" should be on top the blue block and con-
           nected
16         to the red block. (5:0) [Hu-hu::].
17  JEL:               [hhh]
```

（中級 3）

ここでは，ブロックの積み方の形状を表すのに "T" shape という比喩的表現を導入し，確認している（1-2 行目）。JEL の 'Small "T"?'（3 行目）'Not cross?'（5 行目）の質問発話に対して，NES は 'across' と英語を修正した

後にさらに 'T' の位置関係を説明している（6-10 行目）。JEL は，11 行目
で自分のブロックの状態を説明することで，NES に新たな情報提供を行っ
ているが，NES はそのモデルの位置関係について 'opposite, please' と修
正を示した後，教示を続ける（12-13 行目）。その後，green ではなく，blue
のブロックへ修正することに気づいた JEL の短い確認発話（14 行目）が続
き，それに対して NES は談話標識 So を導入し，15 行目で JEL の直前の
発話の 'blue block' を反復して，共有知識の更新に努めている。その後，5
秒間の沈黙の後，相互に笑いが生じている。

　最終的に作成中のモデルは正答には至らなかったが，JEL の質問発話（5
行目）によって，修正および正確な情報提供が行われ，共有知識の更新が試
みられている。基盤化の段階として，相互に共有知識を確認するという点
で，抜粋（2）と同様に Phase 3 として認識される点では共通点が認められ
る。しかし，抜粋（2）や（3）のやりとりの連鎖と比較すると，NES は Ex-
plain move に終始しており，JEL が反応している要所（6-10 行目の Ex-
plain move；12-13 行目の Explain move；15-16 行目の Explain move）
で，聞き手デザインを発揮した質問発話や共同行為への移行は見られない。
このため，NES が JEL の作業状況を十分にモニタリングできているかと
いう状況の判断が成否を分けている可能性が高く，基盤化形成の過程で情報
共有が不十分である可能性がある。とはいえ，同じペアにおいて，JEL は 5
回のトライアルを繰り返すたびに，質問発話は特に後半のトライアルで増え
ており，自分から情報提供をすることで，教示者の指示に対して情報の齟齬
がないかどうかを確認するための工夫を自ら創出している。抜粋（6）を検
討してみる。

抜粋（6）

```
1   NES:   Okay? Okay. Last block, please pick up a small yellow
2          block. (2) Okay. This one, please put it on the bottom
3          four bumps of the green block.
4   JEL:   (13) um:: Four:: four green block, um bump?
5   NES:   Uh-huh.
```

```
 6  JEL:  I u::m I can see:: I can see the line we::ll blue blue block,
 7         yellow block, half half red block
 8  NES:  Uh-huh.
 9  JEL:  and yellow block,        green block,        yellow block.
10  NES:                  Uh-huh.            Uh-huh.
11  NES:  The yellow block should be at the bottom of the green
12         block, so it's far away from the red block.
13         It looks like stairs steps.
14  JEL:  First stair is red.
15  NES:  Yeah.
16  JEL:  Second stair is green?
17  NES:  Ah, second one is yellow.
18  JEL:  Yellow?
19  NES:  Uh-huh.
20  JEL:  Um:: Third stair is green?
21  NES:  Yeah.
22  JEL:  But, the green stair connected four yellow bump?
23  NES:  Ah:: the green, so you know the red block feels little dan-
24         ger right? Cause it only connected with two bumps. Can it
25         the little (  ) unstable? So the green block should be the
26         same like just two bumps are covering on top of yellow
27         block.
```

（中級 3）

JEL は，4 行目で直前の NES の発話を反復する発話から，情報提供のための発話（6-7 行目，9 行目）を行い，それに対して NES はさらに説明を行う（11-13 行目）。NES の発話の一部 'It looks like stairs steps' を受けて，JEL はさらに情報提供の確認発話を自発的な質問として，連続しておこなっている（14，16，18，20，22 行目）。これに対して NES の応答でも，質問発話が見られ（23，24，25 行目），情報の更新も部分的に行われているが，

修正箇所の特定を相互に確認する作業には至っておらず，基盤化を完成させる証拠は得られていない。したがって，ブロックの完成には至っていない。

　最後に，Tanimura et al.（2016）でも取り上げられているが，「非協力的なペア」と位置付けられているペアが取り組んだ課題の正答数はゼロであった。このやりとりの JEL の発話では，質問発話に該当する発話は 1 例も観察されなかった。この結果は，やや異例ではあるものの，作業者側からの働きかけがなければ相互行為にならないため，教示者が聞き手デザインを発揮する機会を得られないのは当然であり，課題達成に大きな支障が出ることは間違いないことを示唆している。

5.　考察

　ここでは，4 節の分析に基づき，それぞれの事例を考察する。JEL による質問発話や情報提供による確認発話から開始する発話連鎖は，基盤化の段階として，相互に共有知識を確認するというプロセスを含んでおり，Phase 3 として「話し手が聞き手デザインを駆使したり，聞き手が推論・連想などによって会話の共同構築を行う局面」に相当する。この段階は，指示者/作業者双方による作業状況のモニタリングであり，具体的な質問応答発話のやりとりによる相互調整の段階に相当する。こうしたやりとりの推移を以下の表 3 でまとめた（網掛けの太字部分を参照）。

発話の推移	JEL	NES	JEL	NES	JEL	NES	JEL	NES
抜粋1	**質問**	修正	認定					
抜粋2	**質問**	確認・調整	認定	**WH質問**	**応答**	**認定**		
抜粋3	**質問（確認）**	確認	認定	**WH質問**	**応答**	**認定**		
抜粋4	**確認**	**YN質問**	**応答**	**修正要求**	**受諾**	**WH質問**	**応答**	**認定**
抜粋5	**質問**	応答・説明	確認	応答・説明				
抜粋6	**質問**	応答	確認	認定	**質問**	応答（修正）	確認	認定

表3：抜粋別 JEL と NES のやりとりの推移パターン

抜粋 (2)，(3)，(4) の分析で明らかになった点は，JEL が開始する質問発話に対して，NES は確実に JEL の作業状況を把握するために，質問発話を選択し，聞き手デザインの手法を利用した基盤化の強化を行っているという事実である。つまり，〈JEL の質問→ NES の応答や確認→ JEL の認定〉という発話連鎖に後続して，〈NES の WH 質問→応答→認定〉（抜粋3）や，〈確認→ NES の Yes-No 質問→応答→修正要求→受諾〉〈NES の WH 質問→応答→認定〉（抜粋4）というパターンの形成が共有信念の更新につながっている。こうした傾向とは対照的に，抜粋 (5) や抜粋 (6) では，JEL の質問や確認に対して，〈質問→応答〉や〈確認→認定〉の流れは実現しているけれども，NES からの WH 質問や，択一的な Yes-No 質問によるさらなる基盤化形成の働きかけはなく，NES は JEL の作業状態を十分に把握する段階に到達できない状況があるのではないかと考察される。

6.　まとめ

　本章では，非対称的な関係で課題に参画している JEL から開始される質

問・確認発話を分析し，課題達成における NES との共同構築の実態を考察した。JEL の質問発話は Phase 2 や Phase 3 において NES への修正や確認を促す発話として機能しており，さらに JEL の質問発話から NES の質問発話への移行は，相互の情報共有を促す刺激となっており，基盤化の相互性を高めていると結論づけられる。こうしたやりとりは，基盤化を促進し，段階的なやりとりのなかで言語交渉を活発にさせる効果があり，トラブル源の発見や，問題解決に向かうヒント，正確な相互調整に結びつくことを指摘した。さらに，こうした質問応答の双方向性は，実質的に基盤化の強化や拡張につながっており，JEL・NES 双方のコミュニケーション活動の向上にも有益に働いていると考えられる。この点で，質問発話から始まる発話連鎖の分析は，教室現場でも利用可能な言語教育的示唆を含んでいるといえる。また，一方で，学習者のレベルによる質問発話パターンの異なりや，創発的なやりとりの工夫などの精緻な分析には手をつけられなかったため，今後の課題としていきたい。

転記記号とその意味

[重複の始まり　　　　　　　　　　　　°　文字　°前後の発話に比べて小さい声
] 重複の終わり　　　　　　　　　　　　ー　いいさし
. 下降調の抑揚　　　　　　　　　　　　：：　引き伸ばし
? 上昇調の抑揚　　　　　　　　　　　　(1:0)　沈黙の秒数
↑ 周辺と比べて大きい音量・高い音　　　( )　転記者による注釈
> 文字 < 周辺と比べて速度が速い
, 継続を示す抑揚

参考文献

Anderson, Anne H., Miles Bader, Ellen Gurman Bard, Elizabeth Boyle, Gwyneth Doherty, Simon Garrod, Stephen Isard, Jacqueline Kowtko, Jan McAllister, Jim Miller, Catherine Sotillo, Henry S. Thompson and Regina Weinert (1991) "The HCRC Map Task Corpus," *Language and Speech* 34(4), 351-366.

Bell, Alan (1984) "Language Style as Audience Design," *Language in Society* 13, 145-204.

Carletta, Jean, Amy Isard, Stephen Isard, Jacqueline C. Kowtko, Gwyneth Doherty-Sneddon and Anne H. Anderson (1997) "The Reliability of a Dialogue Structure Coding Scheme," *Computational Linguistics* 23, 13-31.

Clark, Herbert H. (1996) *Using Language*, Cambridge University Press, Cambridge.

Clark, Herbert H. and Susan E. Brennan (1991) "Grounding in Communication," *Perspectives in Socially Shared Cognition,* ed. by Lauren B. Resnick, John M. Levine and Stephanie D. Teasley, 127-149, American Psychological Association, Washington, D.C.

Clark, Herbert H. and M. A. Krych (2004) "Speaking while Monitoring Addressees for Understanding," *Journal of Memory and Language* 50(1), 62-81.

Clark, Herbert and Edward Schaefer (1989) "Contributing to Discourse," *Cognitive Science* 13, 259-294.

Clark, Herbert H. and D. Wilkes-Gibbs (1986) "Referring as a Collaborative Process," *Cognition* 22(1), 1-39.

石崎雅人・伝康晴 (2001)『談話と対話』東京大学出版会，東京.

平田未季・杜長俊 (2023)「接触場面における感情カードを用いた関与領域の拡張と理解の提示――日本語母語話者と非母語話者による対等な話し合いを目指して――」人工知能学会研究会資料 言語・音声理解と対話処理研究会 SIG-SLUD-098-02. 7-12.

Kecskes, Istvan (2014) *Intercultural Pragmatics*, Oxford University Press, Oxford.

Kecskes, Istvan and Fenghui Zhang (2009) "Activating, Seeking, and Creating Common Ground: A Socio-Cognitive Approach," *Pragmatics & Cognition* 17 (2), 331-355.

Keysar, Boas, Dale J. Barr and William S. Horton (1998) "The Egocentric Basis of Language Use: Insights from a Processing Approach," *Current Directions in Psychological Sciences* 7, 46-50.

Miller, Jim and Regina Weinert (1999/2009) *Spontaneous Spoken Language: Syntax and Discourse*, 2nd ed., Clarendon Press, Oxford.

Sacks, Harvey, Emanuel A. Schegloff and Gail Jefferson (1974) "A Simplest Systematics for the Organization of Turn-taking for Conversation," *Language* 50 (4), 696-735.

Schegloff, Emanuel A. (1972) "Notes on a Conversational Practice: Formulating Place," *Studies in Social Interaction*, ed. by David Sudnow, 75-119, Free Press, New York.

田中廣明 (2019)「指示解決――自己中心性と共通基盤化」『動的語用論の構築へ向けて　第 1 巻』，田中廣明・秦かおり・吉田悦子・山口征孝（編），18-46，開拓社，東京.

谷村緑（2013）『日英対照マルチモーダル音声対話データベースの構築――応用認知言語学の観点から』（平成 22-24 年度科学研究費補助金基盤研究（C）（一般）研究成果報告書）

谷村緑・吉田悦子・仲本康一郎・竹内和広（2015）「課題遂行対話における相互行為プロセス―― 英語母語話者と日本人英語学習者はどのようにグラウンディングを成立させるか――」『社会言語科学会第 35 回大会発表論文集』164-167.

Tanimura, Midori, Etsuko Yoshida, Koichiro Nakamoto, Kazuhiro Takeuchi (2016) "Teacher-learner Interaction with Asymmetrical Power and Knowledge: A Case of Noncooperative Pair," The 26th Annual Conference of the European Second Language Association (EuroSLA), poster presentation paper.

谷村緑・吉田悦子（2017）「課題達成対話における日本人英語学習者の基盤化形成とジェスチャーの同期」『日本語用論学会第 19 回大会発表論文集』第 12 号, 289-292.

谷村緑・吉田悦子・仲本康一郎（2019）「課題遂行対話における協働行為と inclusive "we"――英語を母語とする教師と英語学習者の非対称性に注目して――」『第 43 回社会言語科学会研究大会予稿集』142-145.

高梨克也（2016）『基礎から分かる会話コミュニケーションの分析法』ナカニシヤ出版, 京都.

吉田悦子（2019）「やりとりの不均衡性をどう調整するか――課題達成場面における共通基盤化――」『動的語用論の構築へ向けて　第 1 巻』田中廣明・秦かおり・吉田悦子・山口征孝（編）, 67-87, 開拓社, 東京.

吉田悦子（2023）「二者課題達成対話における英語学習者の質問発話と発話連鎖」『日本教育工学会研究報告集』第 2 号（JSET2023-2-D4）, 297-300.

第 4 章

日本語母語話者の英語対話コーパスに対する
深層言語モデルを用いた単語予測の分析と評価*

岡田　真

大阪公立大学

1.　はじめに

　第二言語・外国語学習においてその習熟を促すために学習者にあらかじめ定められた課題に取り組ませる方法がある。その際に第二言語で相互に対話させることで第二言語の習熟を促す。そこで学習者の習熟度の差が相互の意思疎通や会話の流暢性に影響を与えることは容易に想像がつく。その場合に学習している言語の母語話者からのコメントや会話の想定事例があればその学習者の習熟度の向上やスキル向上に有益であると考えられる。しかし，母語話者自体が身近に存在しない状況など協力を得ることが難しい状況が生じることは多い。そのような状況下において，母語話者の言語能力を疑似的に再現，表現することができる方法があれば非常に有益である。

　本研究では，母語話者と同等の能力を持つ存在として，近年の人工知能分野における深層学習による言語モデルを利用することを考える。

　一般に言語モデルはある言語をその言語の単語の出現確率を用いてモデル化したものであり，単語の確率分布を基に考えられている。主な用途は生成だが，分類や機械翻訳といったさまざまな自然言語処理タスクにおいて，基本的構成要素として組み込まれることが多い。言語モデルは対象とする言語のテキストデータを学習用データとして用意して，それらに含まれている単

＊ 本研究は，岡田・竹内（2023）の論考をもとに加筆，修正を施したものである。

語の出現頻度を基にした出現確率を機械学習手法などにより計算して学習することで構築される。近年は大規模言語データを深層学習手法で学習して言語モデルを得ることが盛んである。それらは深層言語モデルや大規模言語モデル（Large Language Model, LLM）と呼ばれ，情報処理分野におけるさまざまな言語処理タスクで用いられて多くの成果を得ている。

　中でも BERT（Devlin et al. (2019)）と呼ばれる深層言語モデルは各所で非常に頻繁に使用されている。言語モデルを利用する際にはその言語のためにモデルを構築しないといけないので，BERT も英語や日本語をはじめとした世界中で用いられているさまざまな言語それぞれについて構築されて，いろいろなタスクに利用されている。通常 BERT に代表される深層言語モデルは適用したい言語データに合わせて Fine-Tuning と呼ばれる調整を施してから用いられるが，本研究ではあえてそれを用いず，元々の学習済みの状態そのままを用いる。これにより元の言語の母語話者の言語情報に含まれる母語話者としての感覚を再現可能とすることを期待する。

　本研究では谷村らの構築した課題達成対話コーパスの会話を文字化したデータ（文字化データ）を対象とし，文字化データを BERT に入力してそこに含まれる単語を推測させる実験を実施した。その実験結果から BERT を母語話者の言語能力の再現に用いることが可能かどうか検証した。具体的には文字化データ中の「沈黙（ポーズ）」部分にどのような単語が入るか推測させて，その結果を検証した。

　以下 2 節で要素技術である BERT について説明する。3 節では今回の対象データである課題達成対話データコーパスについて説明する。4 節で提案手法である文字化データ中の「沈黙（ポーズ）」部分への単語推定手法について説明する。5 節で実験結果を示し，6 節でまとめと今後の課題について述べる。

2.　BERT

　Bidirectional Encoder Representations from Transformers（BERT）は，2018 年に発表された Attention 機構を備えたニューラルネットワークモデ

ルである Transformers による双方向のエンコーダを用いた言語モデルである。「双方向」の意味はモデル構築のための機械学習の学習段階で文頭から文末へとだけ文章を見ていき文中の単語の出現状態の情報を学習する「単方向」に対して，文頭から文末方向に加えて文末から文頭方向にも文章を見ていき文中の単語の出現状態の情報を学習する「双方向」の学習をするということを表す。単方向学習に比べて双方向学習は文中の単語の出現情報を先読みする形になり情報量が多くなるため単語の推定精度が向上する利点がある。BERT は文書をトークンと呼ばれる小単位の文字列に分割して，それらの連接を学習する。トークンは単語と一致する場合がほとんどであるが，未知語の問題などから単語と一致しない場合が生じる。その場合は Senten-cePiece（Kudo (2018)）に代表される手法を用いてトークンをより小さい単位の文字列に分割して，その中で出現頻度の高いものに置き換えて，より小さい単位の文字列の組み合わせで未知語を表すことで未知語の問題に対応する手法が一般的である。

　そのように文書をトークンに分割したのちにそれらを Transformers で構成されたエンコーダに入力し，内部では分散表現のベクトルとして単語間の関係を学習していく。

　BERT など深層言語モデルで学習された分散表現ベクトルが何を表しているかという点について述べる。BERT などの深層言語モデルでは単語の意味情報を語彙分布仮説（Lexical Distributional Hypothesis）に基づき学習する。語彙分布仮説は Firth が Firth (1957: 11) で述べた "You shall know a word by the company it keeps!" という 1 文で表されている。それは我々は単語の意味をその単語と一緒に現れる単語群で理解しているということであり，つまり一緒に現れる単語群が同じような単語は同じような意味を持つことが多いという仮説である。これに基づけば周辺のトークンの語彙出現分布確率が類似しているトークンは似た意味を持つと予測される。その予測の下でそのような語彙出現分布確率が類似しているトークンの分散表現ベクトルが類似するように，具体的にはそれらのベクトル間の距離（コサイン距離など）が近くなるように深層言語モデルは学習を進める。

　この学習により，いまここに何らかの文があり，その文中のある単語と交

換可能な単語を獲得したい場合，その単語の分散表現ベクトルと距離の近い
単語を言語モデルを用いて検索することが可能となる。検索結果の単語群は
元の単語と，学習に用いた文書データ内での出現状態が類似した単語とな
り，これは先の分布仮説の考え方によれば元となった単語と意味の似た単語
を検索したということになる。

　BERT は，のちに説明する事前学習用にいくつかの特殊なトークンを設
定している。[CLS] トークンはトークンの先頭に付与される。[CLS] トー
クンの分散表現は文書分類などで主に文そのものを表す分散表現として扱わ
れることが多い。[MASK] トークンは単語と置き換えてマスクをかける処
理で用いられる。これにより単語の情報が隠された状態となるため，そこに
当てはまるのに適切な単語を予測させる学習をすることができる。それによ
り文章中の単語の予測性能を向上させたり，本研究のようなその予測能力を
利用した処理に応用することができるようになる。[SEP] トークンは文間の
区切りを表すトークンであり，学習の際に文間の存在を明示するために挿入
される。これを用いて複数の文の接続が意味的に自然かどうかを判定する処
理などで用いられることがある。

　BERT では事前学習と呼ばれる手法によりに言語の特徴を学習していく。
BERT をはじめとした言語モデルでは，学習する言語の特徴は事前学習の
際に用いる言語データに影響を受ける。学習データはさまざまなものが考え
られる。例えば Wikipedia などの文書データ，ウェブ上のメールや SNS 上
でのやり取り，会話などの音声や動画の書き起こしなどである。多種多様な
学習データを用意することができればさまざまな特徴を同時に獲得すること
ができるが，一般にそのような多種多様なデータをそろえるのは容易ではな
い。そのため通常事前学習の段階では Wikipedia のような一般的に言語と
してあまり癖のないことが保証されている文書データで学習して汎用性の高
いモデルを構築しておき，個々のタスクにおいて Fine-Tuning などの調整
で対象のタスクに合わせた特徴を再学習させて調整することが多い。Wiki-
pedia などは書き言葉ではあるが，ここで獲得される言語の特徴は語彙や文
法などは話し言葉のそれと共通のものであるため，対象となるデータが話し
言葉のデータであっても Fine-Tuning などによる調整で対応させることが

可能となる。

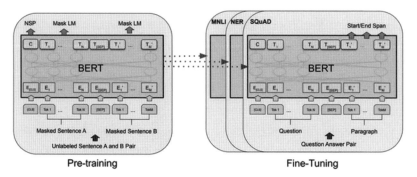

図1：BERT の学習の説明図（Devlin et al.（2019）より引用）

　BERT の事前学習は "Masked Language Model" と "Next Sentence Pre-diction" の2種類である。図1に事前学習と Fine-Tuning の概要を示す。Masked Language Model では文書中の単語のトークンを [MASK] トークンに置き換え，それにより置き換えられたトークンの位置に入るトークンとして自然なものは何かを学習させる。BERT では単語の前後関係から単語間の接続関係を学習しているため，[MASK] トークンの位置に挿入されるトークン（単語）として妥当なものは何かを予想させることが可能となる。この学習により単語の接続関係を学習することができる。

　Next Sentence Prediction は2つの文の関係性について学習し予測する手法である。ここでは学習データで連続していた2文を取ってきて，その間に [SEP] トークンを挿入して入力データとする。そしてこの2文は接続関係にあることを学習する。次に後ろの文をもともと接続していない文に置き換えて入力して接続関係にないことを学習する。それを全体で繰り返すことで文間の接続関係を学習する。

　通常は事前学習ののち，BERT を適用したい文書データで Fine-Tuning をして，実際に適用する文書の特徴を学習し直してから用いる。本研究では Fine-Tuning をせずに事前学習の BERT をそのまま用いる。理由は後述する。

　本研究では Hugging Face[1] により公開されている "bert-base-uncased" モデルを用いた。これは英語を対象として，学習の際に大文字が小文字に変換されて事前学習されたモデルである。

3.　課題達成対話データコーパス

　本研究で用いた課題達成対話データコーパスについて説明する。このコーパスは谷村ら（2015）によって作成されたコーパスであり，Baron-Cohen（1995）による共同注意という認知的原理に注目して，対話参与者がどのように共通基盤を成立させるかを検討する過程で作成された。谷村らは日本人英語学習者ペア（上級，中級），日本語母語話者ペア，英語母語話者ペア，日本人英語学習者と英語母語話者ペア（上級，中級）による 4 種類の課題達成型の対話データベースを構築した。表 1 に対話コーパスの対話例を示す。表 1 中の 1 行目はこの対話データの説明であり，ここでは衝立ありの状況で実施された対話を示している。数字は対話コーパス全体での各対話データの通し番号である。2 行目以降は対話者と発話の内容を示している。ここで D は教示者，B は作業者を表す。この対話データベースでは，各ペア（2 人 1 組）でレゴブロックの模型を組み立てるという課題を共同で達成する作業の過程がビデオ録画と音声録音で収録されている。谷村らはビデオ録画と音声録音を文字化して文書データを作成している。この参加者の対話の文書データは通常の会話に加えて，フィラー，言いよどみ，言い誤り，言いさしなども言語化されている。さらに特殊な情報として言語としては表されないような情報も付与されている。本章末尾の付録にその項目を示す。本研究では主にこの文字化された会話データを用いる。

---

[1] https://huggingface.co/

衝立あり 1 　（D: 教示者, B: 作業者）
D:　Number one
B:　Yes (2)
D:　First (5) two a:: okay two big green and (2) one big yellow (1) and (2) first a:: a:: okay (6) n:::okay okay a:: first make line
B:　Make line?
D:　Yes Green yellow green
B:　Green yellow green oka[y
D:　　　　　　　　　　　　　　　[yes
B:　yes (3)
D:　and (1) green yellow green okay? And (2) on the- green and yellow so right side of green and yellow put small red
B:　Yes (1)
D:　and (3) e::::: not center
B:　Not center

表 1：対話コーパスの例（文字化データより抜粋）

4.　提案手法

　本研究では谷村らの課題達成対話データコーパスの文書化データを用いて，対話文中の特定の表現を深層言語モデルである BERT で予測させた際にどのような語が推測されるのか実験した。この実験の目的としては推測結果である単語群の内容を確認することにあり，それにより英語のネイティブスピーカと日本語母語話者との英語における発想の共通点や差異が現出した証左を得ることを期待する。

　実験の具体的な流れとしては以下の通りとなる。まず対話データコーパスの音声会話をテキストデータに書き起こした文字化データを用いる。文字化データには

　・データ ID,

　・参加者,

　・発話内容

などの情報が格納されており，レゴブロックを用いた共同作業中の参加者相互の対話が対話順に交互に入力されている。特殊な情報として，3 節の表 1 で述べたように「沈黙（ポーズ）」などの情報が読み取れるように構成されている。本研究では「ポーズ」部分に注目する。「ポーズ」は話者が会話内容を考えているなどと推測される状態になった際の沈黙部分であり，「（数字）」のようにかっこと数字（数字は秒数）で表現されて挿入されている。これらの書き起こしデータの対話文部分だけを抽出し，それらを BERT に入力する。

　本研究で使用したプログラミング言語は Python である。Python を用いてプログラミングする環境としては，パーソナルコンピュータなどのローカル環境に直接インストールして用いる方法やウェブ上のプログラミング環境を使用する方法がある。特に Google の提供する Google Colaboratory という Python プログラミング開発環境はウェブ上に情報も豊富であり，手軽にプログラミング開発を試みることができる環境としてよく用いられている。

　これらの開発環境を用意した次は，必要なライブラリを適宜インストールしてプログラミングを進めていく。今回の実験では，科学計算開発でよく用いられるライブラリである NumPy，表形式のデータを柔軟に扱うためのライブラリである Pandas，データプロット用のライブラリである Matplotlib，機械学習用ライブラリである Scikit-Learn などをインストールしたうえで，深層学習用フレームワークである PyTorch，Hugging Face の提供している深層学習の種々のモデル群を簡単に利用できる Transformers などのライブラリ群をインストールして用いている。これらの Python のライブラリは pip などのライブラリ管理用コマンドで各自でインストールする必要がある。

　前述のように今回用いる BERT のモデルは英語の "bert-base-uncased"

モデルである。これらを Python にインストールしている Transformers を使ってダウンロードして利用する。"bert-base-uncased" モデルに代表される深層言語モデルは文章をトークンと呼ばれる単位で分割して使用する。モデルを構築した際に学習した文書データ内に含まれていた単語はトークンとしてモデル内の辞書に格納されており，モデルを使用する際にはこの辞書を基にして入力したい文書を分割していく。そのため，大体はトークンと単語は一致することが多い。しかし学習の際に無かった単語は「未知語」となるため，モデル学習の際にあらかじめ未知語に対応するためにトークンの部分文字列や文字列を構成する文字そのものがすべて登録されている。それらのトークンに一致するまで未知語を小単位で区切り一致するトークンを見つけるなどの処理で対応することになる。

　文書化データの本文についても，上記のトークン化処理をする。この際にはモデルに備わっているトークナイザと呼ばれるプログラムを用いてトークン化済みデータを得る。このようにトークン化された会話データから，本文中に「ポーズ」の情報が含まれている発話データのみ選び出す。それらの文をトークンに分割した際に「ポーズ」の情報の部分を [MASK] トークンに置き換える。

　置き換えた処理の後に BERT にトークン化データを入力すると BERT はトークンごとに分散表現ベクトルを出力する。分散表現ベクトルはある語の情報を短いベクトルで表したものであり，単語埋め込みベクトルとも呼ばれる。単語をベクトル化することでベクトル間の内積などから単語間の距離を計算することができる。ある単語と意味的に近い単語の距離を小さくするように学習することによって単語の意味的な近さを得ることができる。また，文章中のトークンを [MASK] トークンにランダムに複数個置き換えて，そこに入ると予測されるトークンを推測させる学習をさせることで，文章中の [MASK] で隠された単語を推測するといういわば穴埋め問題を解くように学習させることも可能である。

　BERT は上記の [MASK] された単語の推測機能を持つモデルであるので，その機能を用いることで [MASK] トークンに対応した分散表現ベクトルの位置にどんな単語が入るかを推測することが可能である。その際には

BERT の持つ機能を使って [MASK] トークンの分散表現ベクトルと距離の
近いベクトルを他のトークンの分散表現ベクトル群から探索する。本実験で
は [MASK] トークン 1 個につき上位から 20 個のベクトルを取得して，そ
れらのベクトルに対応するトークン（単語）を BERT に出力させることで
その内容を確認する。

　今回 [MASK] トークンの箇所はもともとは「ポーズ」である。そこには
何らかの単語がこれから入るのだが話者は現在考えているところでまだ単語
が入っていない状態であり，「ポーズ」部分に入れられる単語は話者が次に
言おうとしている単語ではあろうと仮定して実際に予測されたトークンを検
証する。

　本研究では前述のように今回 BERT を Fine-Tuning と呼ばれる言語モデ
ルの再学習を適用せずに用いている。そのため BERT にはもともとの学習
用データの情報が保持されたままとなっている。その情報は英語母語話者に
よる英語の文書の情報が保存されていると仮定できるので，Fine-Tuning せ
ずに推測した結果として得られたトークンの情報は英語母語話者が「ポー
ズ」が生じた箇所で自然にどのような発話をするか推測する材料として期待
される。

　今回実験に用いた文字化データは全 16 ファイルであった。ファイルの内
訳は日本語英語学習者上級ペア 8 ファイル中級ペア 8 ファイルであり，そ
の中には日本語英語学習者ペアの試行が 1 ペアにつき 20 トライアル（衝立
あり 10 回，衝立無し 10 回）が含まれている。日本語英語学習者ペアの会
話文総数は 8710 文，その中で「ポーズ」部分が含まれる文は 1974 文であっ
た。こちらの実験で用いたプログラムと簡単な説明を Github 上に公開して
いる。[2]

---

[2] https://github.com/Makoto-OKADA-OPU/tanimura_regotaiwa

5.　実験結果

順位	単語	出現頻度
1	,	2758
2	and	2722
3	.	2634
4	"	2597
5	-	2316
6	)	1956
7	the	1954
8	(	1914
9	in	1818
10	:	1754
11	to	1621
12	'	1502
13	of	1284
14	is	1248
15	a	1225
16	?	1091
17	…	1073
18	or	1072
19	with	1012
20	on	988
21	for	969
22	as	962
23	it	786
24	but	769
25	!	730

表2：実験結果予測された総トークンリストの抜粋
（出現頻度総数上位25位まで）

　表 2 に予測されたトークン（単語）をデータ全体で集計してその出現頻度が上位 25 位までを示す。上述した文字化データの会話データ内の「ポーズ」部分を [MASK] トークンで置換して BERT に入力した結果 [MASK] トークンの分散表現ベクトルが得られる。そのベクトルは本来そこに入る可能性が高い単語の分散表現ベクトルと距離的に近いものになるので，その [MASK] の分散表現ベクトルを基にして BERT にそれと近い分散表現ベクトルを持つ単語を推定させ距離の近い順に出力させることでそこに入ると予測される単語のリストを順位付きで得ることができる。この処理をすべてのデータに含まれる [MASK] 置換箇所について実行した。その結果得られた単語の語彙の総数は 969 語であった。

　表 2 より「ポーズ」部分の推定結果として，記号以外では接続詞，前置詞，代名詞などが多く見受けられることがわかる。BERT が英語母語話者の作成した文書データを基に学習されていることを考えると，そうした「ポーズ」が生じた場合，一般に文の切れ目となりやすく，文をつなぐための言葉が使われることが多いといったデータがおそらく事前に学習されていたと予測され，それに基づいた結果としてそれらの語が中心に出力されたのではないかと考えられる。表 2 の第 6 位までが節・文区切りに準じる内容になっていることからもそれがうかがえる。

　表 3 に今回の実験に用いたデータと結果の例を示す。表 3 には 2 個の例を示している。各例では元の文と「ポーズ」部分を [MASK] に置換した [MASK] 置換文と [MASK] 置換文を BERT に入力して得られた [MASK] の箇所に入ると予測された予測単語群を示している。データ例 2 では [MASK] に 2 個置換されているので，予測単語群も 2 つ示されている。予測単語群の角かっこで囲われている語群が 1 つの [MASK] に対して予測された語群である。元の文でかっこと数字で表されている「ポーズ」部分が [MASK] に置き換えられて推測された結果として，データ例 1 では色に関する単語が上位に来ており，データ例 2 ではカンマなどの文のつなぎ目に現れる記号や冠詞や前置詞などの文の最初などに現れやすいと思われる単語がそれぞれ予測されていることが見て取れる。

　今回の結果について，第二言語・外国語学習者に英語母語話者の言語感覚

の参考になる情報を提供する手法についての可能性は感じられるものの，明
確な基準を示すことは現状では難しい結果となった。これらの結果を基にし
てより詳細に考察および検証して，学習者に有用な情報や母語話者との差異
を提示する手法については今後の課題として取り組んでいく。

データ例 1	
元の文	okay　and you also put small yellow on the（1）eh::: on the red It is the left side
[MASK] 置換文	okay　and you also put small yellow on the [MASK] eh::: on the red It is the left side
予測単語群	'red', 'right', 'color', 'blue', 'white', 'black', 'green', 'yellow', 'it', 'colors', 'face', 'side', 'the', 'purple', 'left', 'pink', 'one', 'back', 'same', 'top'
データ例 2	
元の文	On the red　okay? And on the yellow put green（2）a::: on the yellow put green Put green and it's also right side　You have one space on left side of the yellow? And last is small yellow（1）on the right side of the blue　a::hh on the right side of green you have two space
[MASK] 置換文	On the red　okay? And on the yellow put green [MASK] a::: on the yellow put green Put green and it's also right side　You have one space on left side of the yellow? And last is small yellow [MASK] on the right side of the blue　a::hh on the right side of green you have two space
予測単語群	['.', ':', ',', 'and', ') ', 'is', '-', '!', '?', 'as', ';', 'the', '""', 'in', 'it', 'or', 'where', 'are', 'with', '...'], ['.', ',', 'is', 'and', ':', ') ', '-', '!', 'but', 'space', 'in', '""', 'just', '##s', 'like', '?', 'there', ';', 'was', 'are']

表 3：実験に用いたデータと結果の例

6.　まとめと今後の課題

　本研究では日本語母語話者の課題達成対話データコーパスの会話の文字化データと深層言語モデル BERT を用いて，文字化データ中の「ポーズ」部分を [MASK] で置換して，その箇所に挿入されるトークンを推定させて，その結果が英語母語話者の会話例としてどの程度利用可能なのかを実験により検証した。推測結果からは利用の可能性はあるが，より詳細な検証が必要だと考えられる結果となった。

　今後の課題として，実験結果のより詳細な検証や今回用いた「ポーズ」以外の情報の推定などがある。

付録

　表4に文字化データ中の記号について示す。本稿では対話の録画データから作成された対話の文書データを文字化データと呼んでおり，そのデータ中には通常の会話以外に，フィラー，言いよどみ，言い誤り，言いさし，さらに特殊な情報として言語としては表されないような情報について記号を組み合わせて記述されている。

記法	意味
[ ]	発話のオーバーラップ
（数字）	沈黙の秒数（数字は秒数を表す）
↑	上昇音調
文字	強調
（　）	聞き取れない発話
＜　＞	ジェスチャー
hhh	笑い
::	声の引き延ばし

表4：文字化データ中の特殊な情報とその記法

参考文献

Baron-Cohen, Simon（1995）*Mindblindness: An Essay on Autism and Theory of Mind*, MIT Press, Cambridge, MA.

Devlin, Jacob, Ming-Wei Chang, Kenton Lee and Kristina Toutanova（2019）"BERT: Pre-training of Deep Bidirectional Transformers for Language Understanding," *The 2019 Conference of the North American Chapter of the Association for Computational Linguistics: Human Language Technologies* 1, 4171–4186, Association for Computational Linguistics.

Firth, John Rupert（1957）"A Synopsis of Linguistic Theory 1930–1955," *Studies in Linguistic Analysis*, 1–31, Philological Society, Oxford.

Kudo, Taku and John Richardson（2018）"SentencePiece: A Simple and Language Independent Subword Tokenizer and Detokenizer for Neural Text Processing," *The 2018 Conference on Empirical Methods in Natural Language Processing: System Demonstrations*, 66–71, Association for Computational Linguistics.

岡田真・竹内和広（2023）「日本語母語話者の英語対話コーパスに対する深層言語モデルを用いた単語予測の分析と評価」『日本教育工学会研究報告集』巻2号, 301–306.

谷村緑・吉田悦子・仲本康一郎・竹内和広（2015）「課題遂行対話における相互行為プロセス── 英語母話者と日本人英語学習者はどのようにグラウンディングを成立させるか──」『第35回社会言語科学会研究大会発表論文集』164–167.

コラム

深層言語モデルに関する主な用語

竹内和広（大阪電気通信大学）

ディープラーニング手法：

詳しい事は本書の範囲を超えるが，従来のニューラルネットワークに比べ，複雑化が格段に進むと同時に，従来不可能とされてきた処理を次々に可能としてきた。ニューラルネットワークは，ユニットと呼ばれる基本単位がネットワーク状に接続されて構成され，計算機がデータから処理を獲得する，機械学習（マシーンラーニング）と呼ばれる手法に用いられる。

ニューラルネットの複雑さを考えるとき，その構成上で似たような役割を担うユニットの集合は層と呼ばれ，従来は，この層が3層といった現在と比べると比較的低い数に留まっていた。それに対して，現在，その層が多層に深く複雑になってきたため，ディープラーニング手法と呼ばれる。

従来，計算機の能力の特徴とされてきた，膨大な記憶力や高速な単純四則演算といった処理だけではなく，人間にしか出来ないとされてきた推論や認識といった知的処理を限定的ではあるものの実現し，中には人間の能力を超えるものまで登場した。

大規模言語データ：

インターネットの普及により，大量のテキストデータや音声データなどの言語情報が蓄積されるようになった。そのことにより計算機処理の対象データとして，著名な著者による文学作品の分析といったものから変化してきている。例えば，不特定多数の書き手によりインターネット上に百科事典を構築するプロジェクトであるWikipcdiaや，インターネット上の商品評価サイトで書き込みを行ったテキストなどが分析対象に選ばれている。このことにより，対象となるデータとしてのテキストに含まれる語が数億を数えることも珍しくなくなってきた。そういったデータを大規模言語データと呼ぶ。

言語モデル：

自然言語である英語や日本語には，その言語らしい文やテキストが存在す

る。例えば，日本語なら日本語の，英語なら英語の文法に沿った文は，そうでない文よりそれぞれの言語らしいと考えられる。このように特定の言語らしさを示す基準となるのが言語モデルで，文法も言語モデルの1つと言える。しかし，計算機で自然言語を扱う場合は，多くの場合，狭義の言語モデルのことを指すことが多く，特定の文脈の中で特定の語が生起する度合として示される。例えば，「私は今日学校に」という先行文脈に後続するのは「行った」と「来た」とでは，日本語らしいのは前者の生起の方であることを判断することに言語モデルは使われる。この言語らしさの度合いとして使われる数値的な指標の1つが確率である。

マスク言語モデル：

　上の言語モデルの説明では，先行文脈として「私は今日学校に」，後続する語として「行った」と「来た」を考えた。マスク言語モデルは，文（文でなくても，テキスト一般でも良い）の中の1語を隠して（マスクして），その隠した部分を推定するモデルである。例えば「私は今日学校に行った」であれば，「□は今日学校に行った」でも「「私は□学校に行った」でも，「□」で示された一語分の隠した部分の語としてどのような語が生起しやすいかを推定する。

語彙分布仮説：

　語彙分布仮説（Lexical Distribution Hypothesis）は，言語における語彙（単語や語句）の使用に関する仮説で，言語における語彙の使用が特定の分布に従うという考えに基づいている。ある語の意味や使い方はその周辺文脈と密接に関連しており，その語が出現しやすい理由を周辺文脈に求める。つまり，語 w の出現には，周辺文脈を構成する一緒に出現しやすい他の語が存在することを主張しており，周辺文脈を形成する語を統計的に計量することにより，語 w の意味をモデル化する。この仮説を前提に，単語の予測や単語の意味を表現する方法が提案されるようになった。

分散表現ベクトル：

　現在の自然言語処理では，語はベクトルで表現して扱うことが有力な選択肢となってきた。語をベクトル表現で扱うことを，語のベクトル表現と呼び，それぞれの語が表現されているベクトルのことを分散表現ベクトルや，

埋め込み表現ベクトルと読んだりする。前者は語をベクトル空間に分散して表現していることから，後者は，語をベクトル空間に埋め込んでいるため，それぞれの観点からそう呼ばれる。語のベクトル表現は，多くの場合，上記の語彙分布仮説を前提にした処理により定義される。

Google Collaboratory (Colab):

Google Colab は，ブラウザ上で Python プログラムを書き，実行できるクラウドサービスである。特に無料でも使用でき，データ分析や機械学習の実験・作業を特別な PC を用意しなくても試すことができる。また，他人と共通の環境で作業をすることも比較的容易に実現できることが特徴である。

Python:

コンピュータを制御するためには，プログラミング言語でプログラムを記述し，実行することが一般的である。Python は，プログラミング言語の 1 つで，シンプルで読みやすく，多くの用途に適している。表計算だけではなく，SAS や R を使って行ってきたデータ分析が，Python でも同様に行うことができる。さらに，Python では，データ分析だけではなく，人工知能に関わる処理に関しても，豊富なライブラリとコミュニティのサポートがあるため，自分の収集したデータに対して，他者が用意したり開発した人工知能的処理や分析を行うツールを使った実験を比較的容易に試すことができる。

Pandas:

Pandas は Python で使用されるデータ分析ライブラリであり，主に表形式のデータ（スプレッドシートや CSV ファイルのようなデータ）を処理する際に便利である。データの読み込み，加工，分析などを行うことができる。

Matplotlib:

Matplotlib は Python のグラフ作成ライブラリで，様々な種類のグラフやチャートを生成するなどのデータの可視化に役立つ。

NumPy:

NumPy は Python で数値計算を行うためのライブラリで，特に大規模な数値データの効率的な操作に役立つ。科学計算，データ分析，機械学習など

で幅広く利用されている。

Scikit-Learn:

Scikit-Learn は Python の機械学習ライブラリで，分類，回帰，クラスタリングなど，多くの基本的な機械学習アルゴリズムを簡単に利用できる。

PyTorch:

PyTorch はディープラーニングに特化した Python のオープンソース機械学習ライブラリで，柔軟性と速度が特徴的である。動的な計算グラフをサポートするなど，複雑なニューラルネットワークモデルの構築と実験に役立つ。

基盤化とインタラクション

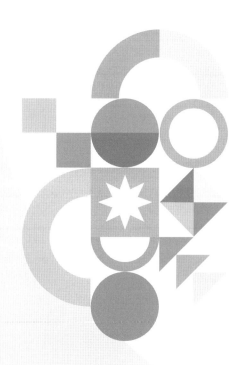

第 5 章

We による共同行為の構築
──英語教師と英語学習者の非対称性に注目して──*

谷村　緑・仲本康一郎
立命館大学・山梨大学

1. はじめに

　2020 年 4 月 5 日，エリザベス女王は国民に向けて異例のビデオメッセージを発表し，新型コロナウイルスのパンデミックに直面している人々の悲しみと経済的困窮に理解を示した。そして，1940 年代の戦時中にイギリスで愛唱されたヴェラ・リンの We will meet again の歌詞に言及し，以下のように呼びかけた。

　　We should take comfort that while we may have more still to endure, better days will return: we will be with our friends again; we will be with our families again; we will meet again. But for now, I send my thanks and warmest good wishes to you all. (2020 年 4 月 5 日エリザベス女王によるビデオスピーチの抜粋)

　このスピーチで使用されている we には，エリザベス女王自身だけでなく，イギリス国民のひとつひとつの家庭，さらには君主として国家を包摂するという意味合いもあり，感染症によって分断され，社会から隔離されるという苦痛を，国民とともに乗り越えていこうという包み込むような姿勢が示

---

　* 本稿は，谷村・吉田・仲本 (2019) の論考をもとに加筆，修正を施したものである。

されている。[1]

　クリスマス以外の時期に女王がスピーチを行うことは非常に珍しく大きな話題を呼んだが，女王が未曾有の危機に対して国民の連帯感やつながりといった関係性を生み出し，団結することに重きを置いていることがよくわかる。本研究では，こうした包摂的な we の使用を課題達成対話からみていきたい。

　以下では，まず，2 節で clusivity という概念装置を導入し，we の用法について先行研究を概観する。その後，3 節で定量的な観点から we の分析を行い，4 節，5 節で定性的な観点から分析を行うことで，we の使い分けと we による共同行為の構築プロセスを検討し，最後に，まとめと今後の展望を述べる。

2.　先行研究

2.1.　Clusivity ─ 包摂性

　私たちは，新たな共同体や社会に参入するとき，仲間との愛着や所属意識を通して社会的アイデンティティを形成していく。このとき形成される最も原初的な共同体のかたちは，自己と他者の二人からなるものであり，二人は，見知らぬ者から知り合いへ，そして仲間へと社会的な関係性を強めていく (Clark (1996))。

　また，私たちは共同体のなかで他者との関係性を相互行為のプロセスで構築していく。最近の言語研究では，このような流動的な人間関係を分析するための枠組みとして，"clusivity"（包摂性）[2] という概念が注目されており，この概念を用いて文法研究や談話分析が行われている (Filimonova (2005), Wieczorek (2013))。

　clusivity とは，共同体において自己と他者をどう位置づけるかという位

---

[1] Andersen (1983) によれば，国民国家とは，イメージによって心に描かれた「想像の共同体」であり，ナショナリズムも国民という言葉がもたらす愛着の感情によって醸成されるという。
[2] 「包摂性」という日本語訳は本書の執筆者でもある岡本（個人談話）の指摘による。

置取り（positioning）（Beeching, Ghezzi and Molinelli eds. (2018)）を背景とし，包摂（inclusive）と排除（exclusive）という2つの拮抗する緊張関係からなる。包摂とは，他者を集団に包み込むこと，排除とは，他者を集団から切り離すことを意味する。[3]

　なお，ここで注意すべきは，包摂と排除は社会的には対立する概念であるが，実質的には両立するということである。つまり，ある個人を共同体の内部に包摂しようとするとき，その外部には異なる集団が存在し，そうした外集団との緊張関係のなかで排除の図式が顕在化していく（Tajfel and Turner (2004)）。[4]

　また，言語類型論の観点からいえば，clusivity は，文法指標によって必然的に決まる場合と，相互行為のなかで選択される場合とがある。Filimonova (2005) が類型論の観点からとりあげたのは，前者の文法システムからの要請に基づく体系であり，文法的性／数，代名詞，指示詞などが分析されている。

　これに対して，社会言語学の分野で拡がりをみせているのが，他者との関係性を構築するさいに，会話者自らが選択する談話ストラテジーとしての包除性である（Duszak ed. (2002), Wieczorek (2013), Beeching, Ghezzi and Molinelli eds. (2018)）。本稿で注目する we のふるまいは，この後者の場合にあたる。

2.2.　inclusive 'we'

　英語の we の用法は，Helmbrecht (2002) が "the most complex category of all person categories" (ibid.: 33) と指摘するように非常に複雑である。英語の場合，we は文法的には一人称複数代名詞であり，一人称である

---

[3] clusivity とは，社会的な実体ではなく，不断に更新され編成される相互行為のプロセスであり，その基礎となるのが社会的実践としての言語使用ということになる（Wieczorek (2013)）。

[4] 差別や偏見といった対人的態度やその裏側にある帰属意識も，こうした内集団と外集団を基軸とする関係的な位置取りを背景にして，副産物として生み出されていく（河合 (2023)）。

I とともに，you，he/she，(one) のような対立する代名詞のどこまでを含むかが問題になる。

Nunberg (1993) によると，we は "speaker and a variable" を表すとされ，variable には，聞き手，第三者，所属集団，一般的な人々などの可能性があるとされている。本課題においては，教示者と作業者という二者の参与者しか存在せず，基本的には話し手が聞き手を包摂する場合に用いられると考えてよい。

以下，中山 (2016) を参考に，we のさまざまな使用例をあげておく。まず，冒頭で挙げた例は，royal 'we'，majestic 'we' と呼ばれる用法の延長上にあり，もともとは君主である女王とその助言者をさしており，これが一般化することで公的な存在であることをアピールするときに用いられるようになった。

同様に，話し手とその他の人物をさす用法として，editorial 'we' がある。これは，"In this chapter we will examine the usage of 'we'." というように，聞き手である読者を取り込み，読者に対する丁寧さ，謙虚さを示したり，さらに著者の権威を高めることで客観性を保証していくという効果もある。

また，話し手と聞き手を含む共同体をさす rhetorical 'we' という用法では，アメリカの大統領が国民を鼓舞するときに，"Yes, we can!"（オバマ大統領）と激励したり，"We will make America great again."（トランプ大統領）と呼びかけたりするように，大統領が国民を代表して宣言するような場合に用いられる。

次に，話し手が聞き手に寄り添うという場合に we が用いられることもある。例えば，養育者が子どもに "It's time we went to bed." と言ったり，医者が患者に "How are we feeling?" のように言ったりする場合，we ということで相手に親身になって接していることを示している。このような用法を paternal 'we' (Jespersen (1933)) という。[5]

---

[5] speaker-exclusive 'we' (J. Wilson (1990))，a hearer domain form (De Cock (2011, 2016))，pseudo-inclusive first person prural (N. Wilson (2019)) などとも呼ばれる。

　また，こうした paternal 'we' は教師と学習者の間にも観察される。例え
ば，"We've finished up to chapter seven." というような場合，we は共同行
為として一見話し手と聞き手を指示しているようにみえるが，実際の行為の
主体は聞き手である学習者であるため，そこに教師は含まれてない（Santul-
li (2020)）。

2.3.　directive 'we'

　以上の事例が示すように，話し手は発話場面や会話の相手によって，we
の使用方法を変えている。本稿で扱うデータに出現する用法は，実質的な行
為者としては話し手を除外し，聞き手に指示を与えていく directive 'we'
（Helmbrecht (2002)）にあたる。つまり，聞き手のみを指示対象とするも
ので実質的には you を意味する。

　これは談話ストラテジーとして clusivity を利用することで，社会的な力
関係のアンバランス（Cysouw (2005)）を背景に，we の宛先に自分自身を
包摂する行為とみることができる。また，このとき，優位な立場にある話し
手は，we を用いて会話を統制している（Dynel (2009)）。

　また，発話者が we を用いることは，関係性の調整という観点からみれ
ば，会話を組織化するだけでなく，相手の面子を侵害する face-threatning
な脅威を軽減する効果もある。このとき話し手は自己の優位性を緩和し，聞
き手に宥和的にふるまうための手段として we を用いている（N. Wilson
(2019)）。

　本稿では，英語教師と英語学習者を対象に，言語能力でも社会的地位でも
優位な立場にいる教示者が，we をどのように使い分けて共同行為を構築し
ているかを議論する。具体的には，衝立あり条件と衝立なし条件の比較を通
して，we によって達成される共同行為の特徴について定量的，定性的に議
論する。

3.　定量的分析

3.1.　使用者と環境要因

　図 1 は，NES-NES5 組と NES-JEL5 組の we の出現頻度を示したものである。この図では，NES-NES との比較のためにランダムに NES-JEL5 組を選んだ。NES-JEL の教示者の発話には we が 242 回出現しているが，NES-NES に出現する we の数は 28 回であり，言語的な優位性と we の使用に相関がみられる。

　このことが示すのは，NES-JEL では，共同作業という側面がより強くあらわれるということである。とりわけ作業者が学習者であるとき，教示者の指示がうまく通じず，頻繁にトラブルが生じる。このとき，教示者は作業者に指令的に教示するよりもむしろ協働的にふるまうことが求められる。[6]

　また，図 2 は衝立あり条件と衝立なし条件の we の出現頻度を示しているが，どちらのペアも衝立あり条件で we の使用が多く，視覚情報の有無が we の使用に関係している。この理由は，衝立あり条件では，作業場面が共有できておらず，作業者との連帯感を明示する必要があったためと考えられる。

　他方，衝立なし条件では作業者の作業が直接確認できるため，言語的に連帯感を明示する必要がなかったと考えられる。実際，衝立なし条件では，I want you to connect …, I'd like you to take …, please place …, you need …, 命令形 (Take …, Put …)) のような「対立型」の表現が用いられている (正保 (1981))。

---

　[6] このことは，NES-NES の教示者は we を使用せずに教示するという事実からも支持される。

　　例．NES-NES1, Workspace Hidden Trial 2.
　01　D: This is number tWO. (1)
　02　B: °Okay.°
　03　D. Eh. alright (.) so this one has got three layers.

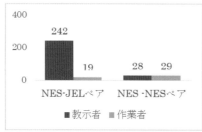

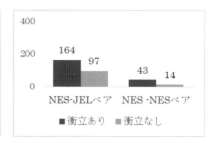

図1：教示者と作業者の比較　　　図2：衝立の有無の比較

3.2.　英語習熟度

　次に，NES-JEL（全10ペア）の各ペアの we の使用頻度を比較した。学習者の英語習熟度は TOEIC スコア 500 点から 975 点と点数に開きがあり，教師の we の使用に習熟度が関係する可能性がある。そこで，各ペアを2つの条件下で we の使用頻度に差があるかどうかを調べるため，表1の実測値に対してカイ二乗検定を行った。

　結果，有意差（x2(9) = 27.488, p<.01）が認められたため，多重比較を行ったところ，優位差のない7組は習熟度に関係なく，衝立あり条件で we の使用が多く，ペア2，ペア4，ペア5に有意差が確認された。ペア5では衝立なし条件での we の使用が有意に多いが，ペア2とペア4では衝立あり条件での we の使用が有意に多い。

　ただし，この3組には共通性がみられないことから，we の使用には個人的な差が大きいことが示唆される。つまり，教示者の we の使用頻度には，作業者の習熟度は関係しないということになる。むしろ重要なのは，衝立あり条件と衝立なし条件が we を使用を決定する重要な要因となっているこということである。

　このことは，衝立のあるなしという物理的環境が，社会的な関係性に影響を及ぼすことを意味する。衝立なし条件では，教示者は作業者に一方的な指示を与えられるが，衝立あり条件では，教示者には作業が見えないため，作業者の協力が必要になり，ここから教示者が共同者へと降格をすることになると考えられる。

	衝立あり	衝立なし		衝立あり	衝立なし
ペア 1 中級	29	21	ペア 6 上級	93	32
期待値	34.4	15.6	期待値	86	39
ペア 2 上級	47	11	ペア 7 上級	136	63
期待値	39.9	18.1	期待値	137	62.1
	有意差▲	有意差▽			
ペア 3 上級	17	13	ペア 8 中級	15	5
期待値	20.7	9.4	期待値	13.8	6.2
ペア 4 中級	25	2	ペア 9 中級	7	2
期待値	18.6	8.4	期待値	6.2	2.8
	有意差▲	有意差▽			
ペア 5 中級	55	44	ペア 10 上級	2	0
期待値	68.1	30.9	期待値	1.4	0.6
	有意差▽	有意差▲			

上段：実測値，下段：期待値　▲有意に多い，▽有意に少ない

表 1：カイ二乗検定の結果

　以下では，課題達成対語のどの段階で we が使用されるか，また，we の使用によって教示者と作業者の関係性がどのように変化し，課題が円滑に遂行されていくかを定性的に記述する。はじめに，衝立あり条件と衝立なし条件に共通するやりとりをとりあげ，次に，衝立あり条件にのみみられる we の使用を検討する。

4.　2 つの条件に共通する we の使用

4.1.　開始位置と終了位置

　まず，課題の開始位置で we が頻繁に使用されている。一般に，英語話者は実質的な指示を開始するまえに，作業内容を作業者に予告することで，作業者に将来の見通しを与えることが多いが，これは作業者の課題遂行に対する認知的負荷を低下させ，作業者を個別の作業に集中できるようにさせるという効果がある。

　次の（1）では，3 行目で教示者が another tower（もうひとつのタワー）
と述べていることから，先行する課題で使用した知識を再利用し，次の作業
に反映させていることがわかる。このとき，ブロックを積んでいるのは作業
者であり，教示者は共同行為の体裁をとることで作業者との連帯感を示して
いる。以下，D は教示者，B は作業者を示す。

　（1）　NES-JEL02, Workspace Hidden Trial 3

　01　D:　Number three.

　02　B:　hum

→ 03　D:　Okay *We* are gonna make another TOwer.

　04　B:　Okay.

　05　D:　Okay you need (.) one small yellow

　06　B:　One small yellow

　また，（2）は，課題終了の位置に出現する we の使用例であり，ここから
課題全体がすべて共同で達成されたことが相互に確認されている。このとき
も，教示者は inclusive 'we' を使用することで，作業者に対して，課題達
成が共同で行われていること明示し，相互の連帯感を高めていると考えられ
る。

　また，このとき課題の終了位置にある We are done. は両者の間で反復さ
れている。こうした反復は，現在の話し手が事前の発話を選択的に再現する
もので，相互に構文の同型性を意識させることで，連帯感をさらに高める効
果がある。Du Bois（2014）は，こうした相互行為の連鎖を「響鳴」と呼ん
でいる。

　（2）　NES-JEL 5, Workspace Hidden Trial 1

→ 01　D:　Okay. W*e* are done.

→ 02　B:　*We* are done?

→ 03　D:　*We* are done. Does- ah- do we check this one?
　　　　　　　　((教示者が指示書を確認する))

4.2. 指示の位置

　次に，指示の位置でも we の使用が多くみられる。指示は，教示者が作業
者に示す直接的な働きかけであり，そこには非対称な役割関係が成立する
(Carletta et al. (1997))。指示において教示者は作業者に一方的に指示を与
える存在となり，それによって教示者は作業者に対して支配的な地位に立つ
ことになる。

　(3) をみてみよう。3-4 行目で教示者は *we* gonna have two long ones と
いう指示のなかで we を用いているが，このとき実際にブロックをとりにい
く (have) のは作業者のみである。同様に，(4) でも，教示者が作業者に
we need … と指示を与えているが，実際にブロックを見つけて手にとるの
は作業者だけである。

　つまり，この 2 つの談話において，教示者は，作業者を包摂することで，
実質的には作業を行なわないにも関わらず，作業者に寄り添い，相手との距
離を縮めている。このとき二人の参与者の間には連帯感やラポールが形成さ
れていく。このような we の使用は，まさに Helmbrecht (2002) のいう di-
rective 'we' にあたる。

　(3)　NES-JEL01, Workspace Visible Trial 2
　01　D:　Oh no this one looks (3) can't even see that one. ((写真
　02　　　　を見づらそうにしている)) A:h Okay. I'm gonna make
→ 03　　　　an assumption (2) and the assumption is *we* gonna have
→ 04　　　　two (.) long ones.
　05　B:　Hum.
　06　D:　A blue one and a green one.
　07　B:　((青色と緑色のブロックをとる))
　08　D:　There you go.

　(4)　NES-JEL07, Workspace Hidden Trial 3
　01　D:　So next *we* got number three. A::lright Ken >let's see
→ 02　　　　what *we* need.< Ah eight holes ↑ *we* need one green.
　03　B:　hmm

04　D:　A::nd one yellow.

05　B:　°Yellow.°

4.3.　評価の位置

　最後に，課題終了後の評価の位置にも，(5) のように we の使用が頻繁に
みられる。評価という行為では，評価者が評価のための十分な知識を備えて
いることから，認識的立場の違いが顕在化する。ここでは，評価する立場に
ある教示者が，作業者との良好な関係を築く手段として we を使用してい
る。

　とりわけ，We are good team., We gonna be the <fAstest ones>, No
mistakes. といった発話により，教示者は，作業者を励まし，作業に喜びを
感じられるよううながしている。また，このようにして二人の課題参与者は
評価を与える／受けることで，共同作業によって課題を達成していることを
相互に承認している。

　また，加えて，ここで 'team' という語が用いられている点も重要である。
これにより，inclusive な共同体であることが明示されるとともに，他にも
共同体があり，そうした外部の共同体との競争が the fAstest ones という表
現によって示されている。ここには，内集団対外集団という exclusive な関
係が成立している。

　(5)　NES-JEL01 Workspace Visible Trial 2

01　D:　[tatararaaa:nt]

02　B:　[hhhhhhhhhhh]hhhh

→ 03　D:　hhh We are good. We are good team↑

04　B:　Yeah hhh

→ 05　D:　We are good team, take it apart

06　B:　[(((ブロックをバラバラにする))

→ 07　D:　[We gonna be the <fAstest ones>, no one's gonna (.) do

08　　　　it faster than us.

09　B:　yeah hhh

10　D:　No mistakes.

11　B:　hhh

次に，衝立あり条件にのみみられた we の使用をみていこう。

5.　衝立あり条件における we の使用

5.1.　取り決めの位置

　まず，衝立あり条件では，正確に作業を行うための取り決めがみられる。はじめに「こうしよう」と取り決めることは，目標を共有することで作業の効率性を高め，正確さを向上させることができるため，課題遂行における重要なリソースとなりうる。(6) は，新規語の使用にさいして合意形成をする場面である。

　まず，1 行目で作業者がブロックが交差している場合に parallel という語が適当かどうかを確認し，3 行目で教示者は perpendicular という語が最も相応しいが，その語は difficult と言う。これは作業者への配慮を示していると考えられるが，5 行目で作業者は perpendicular を使用したほうが課題が easy になると伝えている。

　これを受けて教示者は 6 行目で W-w- と少し躊躇するが，we call it, let's call is as code. と提案している。ここでいう 'code' とは，まさに取り決め＝契約であり，言語使用を方向づけるメタ言語として機能している。このように，私たちは課題達成のプロセスにおいて言語そのものを利用可能なリソースに仕立てていく。

　(6)　NES JEL05, Workspace Hidden Trial 2

01　B:　Parallel to (.) me? °Okay.°

02　D:　Fu:((sigh)) parallel to you? na:: ma: ((inhale)) (1)

03　　　perpendicular.

04　　　Well I I I don't know [it's difficult to

05　B:　　　　　　　　　　　　　[hhh it's (.) easy to [understand.

‣06　D:　　　　　　　　　　　　　　　　　　　　　　　[W- w- *we* call it

```
07        let's call it as code. Parallel to [you: ((右腕を胸の前で机
08        に対して平行にする))
09   B:                                          [Parallel
10   D:   and then perpendicular. Perpendicular
11        means something [going away =           [right? ((右腕で
12        作業者の方を指す))
13   B:                    [Perpendicular =Okay    [°perpendicular.°
14   D:   Parallel and perpendicular       [is that is a cod[e.
15   B:                              °Perp[endicular°       [Okay.
```

5.2.　提案の位置

　次に，提案の位置に使用される we の例をみてみよう。(7) は，3 行目と 8 行目で作業者が「e?」と聞き返しており，教示者の説明が理解できていないことが顕在化されている。また，8 行目では作業者は sorry で謝罪の意を示しながら，ブロックの配置が T の形状で正しいかどうかを教示者に確認している。

　これを受けて 13 行目で教示者は，Let's try this again. と発話し，15 行目で we are gonna start over. と最初からやり直すことを提案している。ここでは，言語能力でも社会的地位でも優位な立場にある教示者が謝罪する作業者に配慮し，自身を責任のある主体として会話を組織化していると考えられる。

　こうした we の使用は，paternal 'we' の用法に接近する。パターナルな関係は医者と患者，教師と学習者などにみられ本課題の教示者と作業者という関係性にも拡張される。これらの非対称の関係が存在することは，英語話者が共同体における地位や役割を強く意識していることの反映といえるのではないだろうか。

(7)　NES-JEL02, Workspace Hidden Trial 1

```
01   B:   You want to (.) MOVE the blue block OVER so that
02        there's a small amount of a space.
```

```
03  B:  uh-hum（1）e?=
04  D:  =uh so that blue block and yellow block（. ）look like a
05      T correct?
06  B:  Look like a T?
07  D:  Look like a T（.）the letter T.
08  B:  E?（2）Sssss [e?
09  D:                 [uh Okay
10  B:  uh So- e Sorry T?
11  D:  T（1）
12  B:  So where should I put=
→13  D:  =UH OKAY let's try this again
14  B:  Okay
→15  D:  Okay we are gonna start over
16  B:  Okay °sorry°
17  D:  No no don't worry maybe uh it's me it's me. Take a
18      YEllow: block with four circles=
19  B:  =Four circles Okay
```

5.3.　確認の位置

最後に，教示者は作業者の反応に確証が得られないとき，自身の先行発話を言い換え，作業者の理解度を確認している。(8) では，教示者は，ブロックの配置に関する作業者の認識に間違いが生じないよう丁寧な説明を順序立てているが，作業者の Okay という応答は理解できていることを示す十分な証拠になっていない。

このとき，教示者は，7 行目で So we should see ten circles. と述べ，先行発話を言い換えることで作業者の理解を補完している。このときブロックの状態を実際に確認するのは作業者のはずであるが，ここでも教示者は，inclusive 'we' を用いて作業者に寄り添い，作業を共同で行っていることを強調している。

ここで興味深いのは，教示者は互いが「見ている」ものを想像し，それが

同じものであるという想定のもとで共通基盤を築いているという点である。教示者は「見えない」ものを「共に見る」ことによって関係性を築き，作業者と同じ情報を共有しているという信念に言及することで共通基盤を成立させている（Clark（1996））。

(8)　NES-JEL02, Workspace Hidden Trial 2
01　D:　I want you to take (.) the two yellow pieces
02　B:　Okay
03　D:　And put them together so that they're lo:ng=
04　B:　=Okay
05　D:　Okay?
06　B:　Yeah
→ 07　D:　So we should see ten [circles
08　B:　　　　　　　　　　　[Ten circles
09　D:　Yeah. NO twelve (1) twelve circles.
10　B:　ah Twelve

6.　まとめと展望

　本稿では，言語能力においても社会的地位においても有意な立場にある英語教師が，作業者である英語学習者に配慮し，いかにして課題を遂行しているかを観察してきた。その結果，英語教師は，inclusive 'we' を多用することで支配的な地位から降格し，英語学習者との社会的な関係を柔軟に調整することがみえてきた。

　まず，衝立なし条件の場合，作業場面が共有されているため，we を使用した談話構成はシンプルになる。作業の開始と終了では，話し手と聞き手を含む we によって共同行為であることが示され，具体的な指示の場面では，実質的には I をふくまず，you のみを意味する directive 'we' が多用された。

　一方，衝立あり条件では，教示者と作業者で認識の違いが生じたり，作業

者の理解に確信が持てないことから，相互行為によって合意形成を行う必要が生じる。ここでは，paternal 'we' を用いて，「見えない」ものを「共に見る」ことで同じものを「見ている」という信念を共有し，関係性の構築に役立てている様子が観察された。

　以上のような inclusive 'we' の使用からわかるのは，英語教師が英語学習者をまえにしたとき，対立型から融合型へと柔軟に関係性をシフトしているということであり（正保 (1983)，Brown and Levinson (1987)），このことは英語話者が学習者を相手にするとき，社会言語能力をもとにした言語調整能力を発揮できることを意味する。

　社会言語学の観点から言えば，こうした言語使用は，異なる言語を背景とする者同士が出会う接触場面のコミュニケーション方略に位置づけられる（桝田 (2015)）。なかでも重要であると考えられるのは paternal 'we' の使用であり，これはフォーリナー・トーク（Tarone (1980)）のひとつとみることができるだろう。

　本研究では，扱ったデータは小規模であるが，言語能力や社会的地位が有意な教師が we の使用を変容させながら，学習者との関係を柔軟に築いていく姿勢を観察することができた。今後は，学習者の側が共同行為にどう貢献しているかという観点から，課題達成対話における共同行為の実態を解明していきたい。

参考文献

Andersen, Benedict (1983) *Imagined Communities: Reflections on the Spread of Nationalism*, Verso Books, London.［白石隆・白石さや（訳）(2007 [1997])『定本 棲象の共同体』書籍工房早山，東京.］

Beeching, Kate, Chiara Ghezzi and Piera Molinelli, eds. (2018) *Positioning the Self and Others: Linguistic Perspectives*, John Benjamins, Amsterdam.

Brown, Penelope and Stephen C. Levinson (1987) *Politeness: Some Universals in Language Usage*, Cambridge University Press, Cambridge.

Carletta, Jean, Isard Amy, Isard Stephen, Kowtko Jacqueline C., Doherty-Sneddon Gwyneth and Anderson Anne H. (1997) "The Reliability of a Dialogue Structure Coding Scheme," *Computational Linguistics* 23, 13–32.

Clark, Herbert H. (1996) *Using Language*, Cambridge University. Press, Cambridge.

Cysouw, Michahel (2005) "What It Means to Be Rare: The Variability of Person Marking," *Linguistic Diversity and Language Theories,* ed. by Zygmunt Frajzyngier, David S. Rood and Adam Hodges, 235–258, John Benjamins, Amsterdam.

De Cock, Barbara (2011) "Why We can Be You: The Use of 1st Person Plural Forms with Hearer Reference in English and Spanish," *Journal of Pragmatics* 43, 2762–2775.

De Cock, Barbara (2016) "Register, Genre and Referential. Ambiguity of Personal Pronouns: A Cross-Linguistic Analysis," *Journal of Pragmatics* 26, 361–378.

Du Bois, John W. (2014) "Towards a Dialogic Syntax," *Cognitive Linguistics* 25, 359–410.

Duszak, Anna, ed. (2002) *Us and Others: Social Identities across Languages, Discourses, Cultures*, John Benjamins, Amsterdam.

Dynel, Marta (2009) *Advances in Discourse Approaches*, Cambridge Scholars Publishing, Newcastle.

Filimonova, Elena (2005) *Clusivity: Typology and Case Studies. of Inclusive-Exclusive Distinction*, John Benjamins, Amsterdam.

Helmbrecht, Johannes (2002) "Grammar and Function of We," *Us and Others: Social Identities across Languages, Discourses and Cultures,* ed. by Anna Duszak, 31–49, John Benjamins, Amsterdam.

Jespersen, Otto (1933) *Essentials of English Grammar*, George Allen & Unwin, London.

河合優子 (2023)『日本の人種主義——トランスナショナルな視点からの入門書』青弓社，東京.

桝田直美 (20115)『接触場面における母語話者のコミュニケーション方略——情報のやりとり方略の学習に着目して』ココ出版，東京.

中山仁 (2016)『名詞と代名詞——英語話者は名詞・代名詞をどう使い分けているか』研究社，東京.

Nunberg, Geoffrey (1993) "Indexicality and Deixis," *Linguistics. and Philosophy* 16, 1–43.

Santulli, Francesca (2020) "We shall Fight: Speaker-Exclusive. We as a Grammatical Metaphor," *International Journal of Linguistics* 12, 43–64.

Schegloff, Emanuel A. and Sacks Harvey (1973) "Opening up. Closings," *Semiotica* 8, 289–327.

Tajfel, Henry and Jim C. Turner, (2004 [1986]) "The Social Identity Theory of Intergroup Behavior," *Political Psychology: Key Readings*, ed. by John T. Jost and Jim Sidanius, 276-293, Psychology Press, New York.

谷村緑・吉田悦子・仲本康一郎（2019）「課題遂行対話における協働行為と inclusive "we"—— 英語を母語とする教師と英語学習者の非対称性に注目して ——」『第 43 回社会言語科学会研究大会予稿集』142-145.

Tarone, Elaine (1980) "Communication Strategies, Foreigner Talk, and Repair in Interlanguage," *Language Learning* 30, 417-431.

正保勇（1981）「「コソア」の体系」『日本語の指示詞』，田中望・正保勇，51-122，国立国語研究所，東京.

Wieczorek, Anna Ewa (2013) *Clusivity: A New Approach to Association and Dissociation in Political Discourse*, Cambridge Scholars Publishing, Cambridge.

Wilson, John (1990) *Politically Speaking*, Blackwells, Oxford.

Wilson, Nick (2019) "When *We* means: *You* The Ssocial Meaning of English Pseudo-inclusive Personal Pronouns," *The Social Dynamics of Pronominal Systems: A Comparative Approach,* ed. by Paul Bouissac, 35-56, John Benjamins, Amsterdam.

付録

文字化は，Schegloff の transcription module を参考にした。

:: ：声の引き延ばし	hhh ：笑い	（数）：沈黙の秒数	
↑ ：上昇音調	wOrd：強調	- ：言いさし	
＜　＞：周りより発話速度が遅い		［　］：発話の重なり	
＞　＜：周りより発話速度が速い		°　° ：周りより声が小さい	
＝ ：前後の発話がつながっている		, ：直前部分の継続	
. ：直前部分が下降調の抑揚			

第 6 章

レゴタスクにおける概念的・統語的プライミングの役割*

田中　幹大

立命館大学

1.　はじめに

　何かを繰り返す，という反復 (repetition) 行為は人間の行動基盤の 1 つである。この現象は実験心理学においても重要な現象であり，様々な行動や学習を反映したものである。反復は言語の使用（または会話）においても頻繁に起きる現象である。例を挙げれば，話し方やアクセントを真似るといった現象がある。

　さらに，これは人の会話にも反映されることがある。話者の立場は常に変化し，会話を理解する立場のときもあれば，発言するときもあり，会話では聞いたり発話した表現に影響されて使用する傾向があることがわかっている (Pickering and Garrod (2004))。その意味でも，会話とは反復的に進んでいく傾向があるとも言える (Schenkein (1980), Tannen (1989))。そのような無意識に繰り返す現象をプライミング (priming) と呼び，特に無意識に使用された統語構造を繰り返す傾向を統語的プライミング (structural priming (Bock (1986), Pickering and Ferreira (2008))) と呼ぶ。さらに，統語的レベルとは別に，話者同士での概念（や意味）が共有されることがあり，そうした概念的レベルでもプライミングが起きているといわれている (Garrod and Anderson (1987))。それを概念的プライミング (Conceptual

---

　＊　本稿は，Tanaka (2017) の論考をもとに加筆，修正を施したものである。

(semantic) priming) と呼ぶ。また，こうしたプライミング効果は会話でも起きることが多くの研究からわかっている (Brennan and Clark (1996), Garrod and Anderson (1987), Levelt and Kelter (1982), Branigan et al. (2000))。

　本章では，概念的・統語的プライミングについての先行研究を紹介し，Tanimura (2016) のレゴタスクのデータから，そうしたプライミングが対話の中でどのような影響を及ぼしているのかを明らかにする。特に，心理言語学の観点から提唱された対話モデル (Pickering and Garrod (2004)) においてその効果の解釈を検討する。

2.　プライミング

2.1.　統語的プライミング

　人が発話するためには，言語として表現されていないメッセージを言語的な表現に変換する必要がある。その際に同じメッセージを別の言語的表現にすることも可能である。例を挙げると，The boy pushing the car というメッセージは，能動態 (The boy pushed the car) と受動態 (The car was pushed by the boy) のように異なる表現で表すことも可能である。このように，あるメッセージを伝える際にこのような選択肢がある場合は，人は意識することもなく，どちらか（それ以上の選択肢があればそれも考慮に入れる）の表現を無意識に選び，判断しなくてはならない。

　このような判断を行う際に，直前に使用した言語表現などに影響を受ける傾向があることがわかっている (Bock (1986))。この傾向を統語的プライミング効果と呼ぶ。ここではまず，この統語的プライミング効果の発見（モノローグ（1 人による会話）での研究）について下記にまとめる。

　Schenkein (1980) は統語的プライミング効果の傾向となるものを発見した。Schenkein は (1) のようなトランシーバー (walkie-talkies) を使った会話を調べた。

(1) A: Cor, the noise downstairs, you've got to hear and witness it
          to realise how bad it is.

     B: You have got to experience exactly the same position as me,
          mate, to understand how I feel.

このAとBの会話において，2人の中で類似した統語的な表現（you've
got to—you have go to, ... realize how bad it is—understand how I feel）
が繰り返されていることを発見した。

また，Levelt and Kelter（1982）はオランダの商店にオランダ語で電話を
かけ，その際に（2）のAかBどちらかの表現で質問をした。

(2) A: Om hoe laat gaat uw winkel dicht?

          (At what time does your shop close?)

     B: Hoe laat gaat uw winkel dicht?

          (What time does your shop close?)

その結果，(2)-A のように，Om hoe laat (At what time) のように前置
詞が入っている文で質問を受けた際には，前置詞をつけた返答がお店からあ
り (Om vijf uur (at five o'clock))，(2)-B のように，Hoe laat gaat (What
time) のように前置詞がついていない文で質問を受けた場合には，Vijf uur
(Five o'clock) のように，前置詞を使用しない返答でを説明する傾向が高
かった。これらのことから，会話において統語的なプライミングが起きてい
ると主張している。

その後心理実験を使用して，統語的プライミングの発見が多くされてい
る。まず，Bock（1986）は絵描写実験（A picture description task）を行い，
被験者が絵を受動態で表現したときに，全く無関係の絵をさらに受動態
(The church is being struck by lightning) で説明する傾向が高まることを
発見した。さらに，二重目的語構文（Double Object (DO), The girl hand-
ed the man the paintbrush）もしくは与格構文（Prepositional object (PO),
The girl handed the paintbrush to the man）で表現した場合にも，それぞれ
DO (The rock star sold the undercover cop some cocaine) または PO (The

rock star sold some cocaine to the undercover cop）で文を表現する可能性
が高まったことも発見している。この結果から，DO や PO といった表現が
言語産出の言語表現レベルにおいて異なった形で存在していると Bock は結
論づけている。この統語的プライミングの発見は語順などといった他の統語
構築の産出の際にも起きることが発見されており（e.g., Tanaka（2008）），
英語のみならず様々な言語でも起きることも発見されている（e.g., Hartsui-
ker et al.（2004））。

　さらに，この統語的プライミングは対話でも起きることが発見されてい
る。Brennan and Clark（1996）は Director と Matcher にカードを合わせ
るという実験をおこない，下記の（3）のように，a kind of を繰り返して表
現するなど，使用する言語表現が類似していることを発見した。

　(3)　A:　Is that a kind of dog?
　　　　B:　No, it's a kind of um leather she, kinda preppy pennyloafer.

　また，Garrod and Anderson（1987）はお互いの位置の説明をする実験
(the maze game) を行った。1 人が I'm two along, four up. というと，も
う 1 人は I'm one along, five up. と表現し，I'm at B4. のあとは I'm at
A5. と類似表現を産出する傾向を発見した。

　対話における統語的プライミング効果の実験的研究は Branigan et al.
(2000) が行っている。Branigan et al. は実験協力者が被験者に絵を説明し，
その絵を探すという対話実験を行ったが，被験者が絵を表現する際には，実
験協力者が以前使用した言語表現に影響されて説明する傾向が高まったこと
を発見した。

　このように 1 人の被験者のみの場合でも，二人対話のやりとりにおいて
も統語的プライミング効果が発見されている。

2.2.　概念的プライミング

　今回注目すべきプライミング効果は，統語的プライミングのほかにもあ
る。ヒトが発話する上で，統語レベルのみならず，概念的レベルにおいても
プライミング効果が起きるといわれており，それを概念的プライミングと呼

ぶ。ここでは過去の研究をまとめる。

　中国語を使用した研究で，Cai et al. (2012) は主題役割といった概念が文法機能（態など）や語順に影響を与えることを発見している。また，Cleland and Pickering (2003) は話者が関係詞を含む文を使用した後，同じ表現で絵を説明する傾向が高くなったことを発見したが（square that's red after diamond that's green），この効果は prime 文と target 文の名詞が意味上関連していると強くなったことを発見し，概念的プライミング効果を証明している。Raffray et al. (2014) は動名詞部分を省略して意味関係を成り立たせる，強制解釈表現（Coercion, He began drinking the champagne のかわりに He began the champagne で表現する）を使用して絵を説明した場合に，意味的に無関係な絵を同じ強制解釈表現を使用して説明する傾向が高くなったことを発見した。さらに Tanaka (submitted) は文再生課題で，メトニミー表現（The student read Steven King's book を The student read Steven King で表現する）を使用した文を思い出した後，その後に続く文も同じメトニミー表現を使用した文で説明する傾向があったことを発見した。Raffray et al. や Tanaka はこうしたプライミングが統語的プライミングとは別に起きていたことも発見しており，強制解釈表現やメトニミーといった表現が繰り返されることは，概念的プライミング効果が統語的プライミング効果とは別に起きているといえる。

　さらには，対話の実験として，前述した Garrod and Anderson (1987) はお互いの位置の説明をする実験を行い，被験者がパス・ベース（the path based way）で自らの場所を説明した場合（one along, one up），それが繰り返される傾向（two along, two up）を発見した。この事実は統語構築がプライミングされたというよりも，お互いの場所がどこであるかというイメージがプライミングされており，この場所のイメージのプライミングが概念的プライミングであると主張している。よって，話者 1 人のみならず対話でも概念的プライミングが起きることがわかっている。

　このように，強制解釈表現やメトニミー，また対話におけるプライミングの例から，概念的プライミングは統語的プライミングと独立して起きていることが明らかとなった

3.　レゴタスクにおけるプライミング

　本研究では，これまで見てきた概念的プライミング（以下，「概念的プライミング」）と統語的プライミングが，心理言語学の実験として統制されていない実験でも起きるかを調査する。特にこのセクションでは，Tanimura（2016）のレゴタスクによるデータを分析し，概念的また統語的プライミングが対話でも起きるかどうかを検討する。

　なお，Tanimura（2016）のデータは統制された心理言語実験のデータではないが，概念的また統語的プライミングの証拠として有力なデータを示している。

3.1.　被験者

　Tanimura（2016）の実験は，下記の 2 つのペアの組み合わせを比較した。

1.　英語母語話者ペア同士
2.　英語教師と日本人英語学習者ペア

　被験者の人数は英語母語話者ペアが 5 組，英語教師と日本人英語学習者ペアが 10 組である。

3.2.　実験方法

　この調査では教示者が指定されたレゴの作成を指示し，もう 1 名の作業者がレゴの作成を行う。その際に異なる条件があり，お互いのレゴブロックを見られる，衝立なしのもの（図 1）と，敷居があってお互いの作業が完全に見られない，衝立ありのもの（図 2）がある。

図1：お互いのレゴが見える，衝立なしの実験

図2：お互いのレゴを完全に見られない，衝立ありの実験

3.3.　分析と結果

　Tanimura（2016）がレゴを使用して作成した動画と音声のデータを基に，本章ではその会話をすべて分析し，概念的プライミングと統語的プライミングが起きているかを調べた。表1と表2は被験者ごとのデータをまとめている。表1は英語母語話者ペアの対話，表2は英語教師と日本人英語学習者ペアの対話のデータである。

	概念的プライミング			統語的プライミング	
ペア	衝立なし	衝立あり	ペア	衝立なし	衝立あり
1	0	1	1	0	14
2	0	0	2	1	4
3	1	3	3	3	13
4	0	0	4	2	4
5	0	0	5	2	4
Total	1（20%）	4（80%）	Total	8（17%）	39（83%）

表1：英語母語話者ペアの対話における概念的・統語的プライミング

	概念的プライミング			統語的プライミング	
ペア	衝立なし	衝立あり	ペア	衝立なし	衝立あり
6	0	0	6	0	2
7	1	0	7	1	1
8	0	0	8	0	2
9	1	3	9	0	0
10	3	3	10	1	0
11	0	2	11	0	1
12	2	1	12	2	1
13	1	1	13	0	2
14	0	0	14	1	0
15	0	0	15	0	1
Total	8（44%）	10（56%）	Total	5（33%）	10（67%）

表2：英語教師と日本人英語学習者ペアの対話における概念的・統語的プラ
　　イミング

　今回は心理言語学のような条件を統制した実験ではないため，統計上の分
析は除外している。全体の傾向として，図2のような，お互いの作業が見
られない場合にプライミングが起きやすい。これは衝立があり，お互いの作
業が見えないため，言葉に頼った作業となるために，プライミング効果が高
まったと思われる。また英語母語話者ペア，英語教師と日本人英語学習者
ペアの会話においても，概念的または統語的プライミングの傾向は類似して

いる。

　次のセクションからは，統語的プライミング・概念的プライミングの分析
の詳細を述べる。

3.4.　レゴタスクにおける統語的プライミング

　まず，統語的プライミング効果の例を見ていく。なお，統語的プライミン
グと判断する理由としては，対話の中で無意識に特定の統語構造を繰り返し
ているからである。

　(4) から (5) は英語母語話者ペアのデータ，(6) から (8) は英語教師と
日本人英語学習者ペアのデータである。

(4)

 D: and it's sticking out like that way. Like, if de: d-
   four is here it's sticking out this way. Sorry, this
   way.

 B: so: like, it's long. and then it's go, like, sticky is
   here it's sticking out this way. Sorry, this way.

(5)

 D: a red one. and then you've go a green one on top
   of the yellow one. A- long green one.

 B: on top of? Oh! On top of the yellow one.

　この例を見ると，統制された心理実験ではないが，統語的な表現が繰り返
されていることがわかる。(4) や (5) においては，英語母語話者ペアの会
話であるが，教示者 D と作業者 B はコンスタントに類似した統語表現を使
用している ((4) sticking out this way，(5) on top of the yellow one)。

　またこれは英語母語話者ペアだけではなく，英語教師 (Native Speaker of
English, NES) と日本人英語学習者 (Japanese English Learner, JEL) ペ
アでも起きる現象である。

(6)

NES:　So we can see six.

JEL:　So we can see four.

(7)

NES:　yeah and then on the back of the yellow one.

JEL:　on the back of the yellow one?

(8)

NES:　and then on your left side.

JEL:　on my left side.

　(6) と (7) では，NES と JEL がレゴブロックを作成していく際に同じフレーズを使用していることがわかる（(6) の we can see …，(7) の on the back of …）。(8) は特に興味深いデータであり，同じフレーズを使用しているが（on your … side），方向は話者同士の視点から正確に表現されている（your か my）。よって Tanimura のデータから，レゴタスクにおいて統語的プライミングが確認できる。

3.5.　レゴタスクにおける概念的プライミング

　また，概念的プライミングに関しても，レゴタスクにおいて確認ができる。なお，概念的プライミングに関しては，単なる単語やフレーズの繰り返しではなく，話者同士のイメージが共有されている表現などが繰り返されているときをプライミング効果としてカウントしている。その例として，(9) から (11) は英語母語話者ペアのデータ，(12) から (14) は英語教師と日本人英語学習者ペアのデータを以下に示す。

(9)

D:　You have the- the red piece: so that it's- umm::

B:　The red [piece:　]

D:　　　　　　[So that] the ends are- aren't facing us:,

　　it's facing: like

B: =Yeah, the ends are facing this direction, so
    basically-

(10)

D: Yeah. so yeah still parallel

B: Okay°?

D: so now you have like a C

B: Okay. S::::::- >yeah I do have a C.

D: A C of y:ello: red green C.

(11)

D: the same position as the [bottom blue one

B: [as the bottom blue
    one yeah.] Just like now [five levels higher

D: [three levels higher
    yeah?]

B: Yeah.

　この例を見ると，（9）においてレゴの位置を facing us といった表現でお
互いに確認をしている。また（10）では have a C といった形でお互いのレ
ゴの形の確認を行い，（11）では … levels higher という表現で形の確認を
行っている。これらは統語的なものというよりは，お互いのレゴの形をそれ
ぞれ異なった形で表現しており，概念的プライミングといえる。

　さらに，統語的プライミングと同じように，この概念的プライミングとい
う現象は英語母語話者ペアと英語教師と日本人英語学習者ペアとの会話でも
起きている。

(12)

NES: … On top of that, the re:d four holes is in the
      middle, just like the blue and the yellow
      [underneath]

JEL: [mm-hm.   ] got it

NES:　On top of the re::d=we have green eight hole?

(13)

NES:　And that just goes on top of the yellow

JEL:　On top of the yellow?

(14)

NES:　I can see the "L" shape. Um ::

JEL:　YES it's like a "L" shape yes yes yes. And like a
　　　　reverse "L" shape.

　(12) から (14) においては，英語母語話者ペアでも起きたようなレゴの場所のお互いの確認を行っており，(12) や (13) のように，on top of … という表現は会話の中で非常に多く使用されている。(14) についても L shape という形を確認しつつお互いの作業を進めていることがわかる。また，こうした例とは別に，レゴタスクを通じて対話のなかでレゴの方向などを確認する表現が似ていることがあり，(NES-JEL ペアの場合) 母語話者が始めるケースがほぼすべてであるが，horizontally, vertically といった表現を使用した後，上記のペアの場合は学習者が horizontally, vertically を使用して説明することが多くなったことも発見した（その他にも on top of, stick to the left, right といった表現の多用も見られた）。

　よって英語母語話者ペア，英語教師と日本人英語学習者ペアの会話においても概念的プライミングが起きていることがわかった。

4.　結論

　本研究では，心理実験のように統制されたタスクではなくても，レゴタスクを通じて対話の中で，統語的または概念的プライミング効果が見られることがわかった。Pickering and Garrod (2004) は対話において各レベルでなんらかのプライミング（Pickering and Garrod は alignment という表現を使用している）が起きていると主張しており，今回の結果はそれを裏付けてい

るものといえる。

　ここからは基盤化（グラウンディング）との関係を少し述べたい。Clark (1996) の分析から，対話において話者は基盤化というプロセスを通じて共通に知識を構築すると主張している。Clark によると，話者は Yeah, okay, I see といった受け入れの合図を示す。これにより基盤化としてプロセスを共有することで，知識が共有されたと見られる (Clark (1996), Clark and Schaeffer (1987))。

　よって言語表現レベルでメッセージを変換することなく，基盤化が話者同士で作られたと仮定することもできる。概念的・統語的プライミングのように，同じ表現を使用することは基盤化に必ずしも必要ではない。その点では基盤化はプライミングと異なっているともいえる (Pickering and Garrod (2004), Pickering and Garrod (2006))。

　しかし，Pickering and Garrod (2004) は言語表現レベルでのメッセージの変換なく対話は表面的に成功することもあるが（あいづちなどを打つだけのもの），実際には基盤化が成功しておらず，うまく行かない可能性が高いと主張する。多くの研究においてプライミングはどの言語レベル（発音など）においても起きる現象であると発見されている (Giles et al. (1991), Pardo (2006))。基盤化とプライミングがどのように関連しているかは明らかとなっていないが，この2つが対話の成功に貢献することは明らかであるといえるであろう。

　結論として，本研究は概念的・統語的プライミングがレゴタスクを使用した対話においても起きていることを発見し，Clark (1996) や Pickering and Garrod (2004) が主張するように，基盤化とプライミングが対話において重要な役割を担っていることを主張する。

参考文献

Bock, Kathryn (1986) "Syntactic Persistence in Language Production," *Cognitive Psychology* 18, 355–387.

Branigan, Holly P., Martin J. Pickering and Alexandra A. Cleland (2000) "Syntactic

Co-ordination in Dialogue," *Cognition* 75, B13-B25.

Brennan, Susan E. and Clark Herbert H (1996) "Conceptual Pacts and Lexical Choice in. Conversation," *Journal of Experimental Psychology: Learning, Memory, and Cognition* 22, 1482-1493.

Cai, Zhenguang G., Martin J. Pickering and Holly P. Branigan (2012) "Mapping Concepts to Syntax: Evidence from Structural Priming in Mandarin Chinese," *Journal of Memory and Language* 66(4), 833-849.

Clark, Herbert H. (1996) *Using Language*, Cambridge University Press, Cambridge.

Clark, Herbert H. and Schaefer Edward F (1987) "Concealing One's Meaning from Overhearers," *Journal of Memory and Language* 26, 209-225.

Cleland, Alexandra A. and Martin J. Pickering (2003) "The Use of Lexical and Syntactic Information in Language Production: Evidence from the Priming of Noun-Phrase Structure," *Journal of Memory and Language* 49, 214-230.

Garrod, Simon and Anderson Anthony (1987) "Saying What You Mean in Dialogue: A Study in Conceptual and Semantic Co-ordination," *Cognition* 27, 81-218.

Giles, Howard, Coupland Nikolas and Coupland Justine (1991) "Accommodation Theory: Communication, Context and Consequences," *Contexts of Accommodation: Developments in Applied Sociolinguistics*, ed. by Howard Giles, Nikolas Coupland and Justine Coupland, 1-68, Cambridge University Press, Cambridge.

Hartsuiker, Robert J., Martin J. Pickering and Veltkamp Eline (2004) "Is Syntax Separate or Shared Between Languages? Crosslinguistic Syntactic Priming in Spanish/English Bilinguals," *Psychological Science* 15, 409-414.

Levelt, Willem J. M. (1989) *Speaking: From Intention to Articulation*, MIT Press, Cambridge, MA.

Levelt, Willem J. M. and Kelter Stephanie (1982) "Surface Form and Memory in Question Answering," *Cognitive Psychology* 14, 78-106.

Pardo, Jennifer S. (2006) "On Phonetic Convergence during Conversational Interaction," *Journal of the Acoustical Society of America* 119, 2382-2393.

Pickering, Martin J. and Garrod Simon (2006) "Alignment as the Basis for Successful Communication," *Research on Language and Computation* 4, 203-228.

Pickering, Martin J. and Garrod Simon (2004) "Toward a Mechanistic Psychology of Dialogue," *Behavioral and Brain Sciences* 27, 169-225.

Pickering, Martin J. and Ferreira Victor S (2008) "Structural Priming: A Critical Review," *Psychological Bulletin* 134, 427-459.

Raffray, Claudine N., Martin J. Pickering, Zhenguang G. Cai and Holly P. Branigan (2014) "The Production of Coerced Expressions: Evidence from Priming,"

Journal of Memory and Language 74, 91-106.

Schenkein, Jim (1980) "A Taxonomy for Repeating Action Sequences in Natural Conversation," *Language Production* 1, ed. by B. Butterworth, 21-47, Academic Press, London.

Tanaka, Mikihiro (submitted) *How Do We Produce a Metonymic Expression? Evidence from Priming in Japanese.*

Tanaka, Mikihiro (2008) *The Representation of Conceptual and Syntactic Information during Sentence Production*, Doctoral dissertation, University of Edinburgh.

Tanaka, Mikihiro, Holly P. Branigan, Janet F. McLean and Martin J. Pickering (2011) "Conceptual Influences on Word Order and Voice in Sentence Production: Evidence from Japanese," *Journal of Memory and Language* 653, 318-330.

Tanimura, Midori (2016) "Kadai Tassei Taiwa ni okeru Eigogakushusha no Grounding to Gesture no Doki," *The 19th Conference of Japanese Pragmatics*, Shimonoseki City University, Yamaguchi.

Tanaka Mikihiro (2017) "Structural Priming in Dialogue," *Proceedings of the 19th Conference of the Pragmatics Society of Japan*, 296-287.

Tannen, Deborah (1989) *Talking voices: Repetition, Dialogue and Imagery in Conversational Discourse*, Cambridge University Press, Cambridge.

コラム

プライミングと言語研究

田中幹大（立命館大学）

　ヒトの行動心理のなかで中心となる現象は「繰り返し（repetition）」である。ヒトは日常生活のなかでかつて行った行動や見たものを繰り返すことが多い。実験心理学において，この「繰り返し」という現象はヒトの心理メカニズムを反映しているといわれており，何かを学ぶ，成長する，真似をする，といった行動がまさに「繰り返し」の例として当てはまる。よって「繰り返す」という現象はヒトの日常生活の基盤となっていると言っても良い。

　この「繰り返し」という現象は心理学において「プライミング」と呼ばれ，ヒトの言語使用にも見られる。近年言語研究のなかで特に注目されている現象として「統語的プライミング（structural priming）」という現象があり，ヒトの言語処理メカニズムはこの現象を用いて明らかにされてきた。たとえば Bock（1986）は被験者が（1a）のような与格構文（PO；Prepositional Object），もしくは（1b）の二重目的語構文（DO；Double Object）のどちらかで絵を説明した後，全く意味が異なる絵を説明する際に，以前使用した構文（DO もしくは PO）で絵を説明する可能性が高まることを発見した。

(1) a. PO (A rock climber sold some cocaine to an undercover agent.)

    b. DO (A rock climber sold an undercover agent some cocaine.)

　その後様々な研究が進み，ヒトは文法を使用するにあたって，PO もしくは DO 両方のネットワークができており，どちらも使用できる言語処理メカニズムは持っていると考えられている（Pickering and Ferreira（2008））。

　このような研究はその後大きく発展し，他の文法構造のみならず，他の言語の構造の比較までを可能にしている（Hartsuiker et al.（2004））。特に日本語においては，態（受動態，能動態），語順（SOV，OSV）の比較を行うことで，文産出の際に態や語順をどのように処理して，産出しているのかを明らかにした（Tanaka（2008））。これは語順の変化があまり見られない英語のみを扱った研究ではできないことであり，他の言語を利用したプライミ

ングの研究は大きな可能性を秘めている。

　さらにこうしたプライミングの現象は対話にも見られ，コンピューターから提示される実験の効果よりも対話はさらに強いプライミング効果を見せた，という発見もある（Branigan et al. (2000)）。また，プライミングを扱った章にもあるように，統語的プライミングのみならず，概念的プライミングの効果も発見されており，プライミングは対話のメカニズムについても明らかにしている。

　このようにプライミングという現象はヒトの言語処理システムについて明らかにし，他の言語を使用することでさらに詳細に研究を進めることも可能とした。また対話にも応用して対話の仕組みまでも明らかにすることができる可能性をもっており，プライミングは今後も研究を進める上で重要な現象であると言えるだろう。

参考文献

Bock, Kathryn (1986) "Syntactic Persistence in Language Production," *Cognitive Psychology* 18, 355-387.

Branigan, Holly P., Martin J. Pickering and Alexandra A. Cleland (2000) "Syntactic Co-ordination in Dialogue," *Cognition* 75, B13-B25.

Hartsuiker, Robert J., Pickering Martin J. and Veltkamp Eline (2004) "Is Syntax Separate or Shared Between Languages? Crosslinguistic Syntactic Priming in Spanish/English Bilinguals," *Psychological Science* 15, 409-414.

Pickering, Martin J. and Victor S. Ferreira (2008) "Structural Priming: A Critical Review," *Psychological Bulletin* 134, 427-459.

Tanaka, Mikihiro (2008) *The Representation of Conceptual and Syntactic Information during Sentence Production*, Doctoral dissertation, University of Edinburgh.

第7章

マルチモーダル分析による空間の相互理解プロセス*

谷村　緑・吉田 悦子

立命館大学・滋賀県立大学

1. はじめに

　空間の理解を相互に伝え合うためには，モノや自身を空間に位置づける空間参照枠が必要である。その1つに，身体を利用した前後や左右といった参照枠があり，私たちはこの参照枠を日常的に頻繁に使用している。しかし，身体を基準にするがために混乱が生じることも少なくない。身近な例を見てみよう。以下は，全国ラジオ体操連盟の質問コーナーに掲載されている質問である。[1]「毎朝元気に体操しています。感謝しています。テレビを見ながら体操をする場合，指導者の動きに合わせるのが正しいのか？ 迷います。鏡のように考えたら良いのか否かです。」

　このような混乱は本稿が扱う対面課題でも生じる。対面の場合，二者の左右の位置はちょうど逆になる（吉村（2002））。本課題では教示者の右は作業者の左になる。そのため，二者が相互に理解するためには，教示者はまず「私から見て右」や「あなたから見て左」と発したり，指さしを用いるなどして工夫を凝らす必要がある。そしてこれを受けて，作業者は自身の理解状況を示すために「私から見て左」や「あなたから見て右」と応答したり，指さ

＊ 本研究は，谷村・吉田（2023）の論考をもとに加筆，修正を施したものである。
[1] 全国ラジオ体操連盟　質問コーナー「初動は左から？　腕の交差は左が上？」
2018/01/15

しを用いるだろう。このようなプロセスを経て初めて相互理解が達成された
ことが両者に伝わるが，先に述べたように，左右は身体を基準に考えるた
め，教示者が体位を変えると左右の位置が変わってしまう。また，教示者が
「あなたの右」と言いながら自分の右をさすようなこともある。さらに，本
稿で扱う英語学習者の場合，my や the といった限定詞を使用しないことも
多く，空間参照枠に基づく視点が不明瞭になることもある。このように左右
といった空間の相互理解プロセスはわれわれが思っている以上に複雑で，視
点による混乱が生じやすい。しかし，教示者と作業者はこの複雑な空間の理
解を意外に短時間で行うことができる。そのようなことが何故，可能なのだ
ろうか。

　このような問題意識から，本稿では空間参照枠 (Levinson (1996)，井上
(1998)，楠見 (2010)，片岡 (2011, 2018)) を参考に左右の身体的位置付け
と指さし (細馬 (2003)，細馬ほか (2004)) に注目し，英語学習者らがどの
ように自身を空間に位置付け，相互理解に至るのかをマルチモーダルに分析
する。以下では，まず先行研究を概観し，左右を示す空間参照枠に基づく視
点の取り方と相互理解のための基盤化形成についてまとめる。次に分析方法
を述べ，定量的，定性的にデータを分析する。定性的分析では，質問−応答
の談話構造に注目し，指さしの繰り返しが，英語学習者の知識状態の非対称
性の解消にどのように貢献するかを明らかにする。最後に，分析のまとめと
今後の展望について述べる。

2.　先行研究

2.1.　空間参照枠

　空間参照枠は，空間との関係で際立つものまたは目立つもの (cf. 認知言
語学でいう背景 (ground) と図 (figure) の関係) の位置を特定したり，そこ
に自身を位置付けたりするために用いられる。モノの位置を捉える参照シス
テムとして，Hart and Moore (1973) は egocentric (体を基点とする e.g.
my right)，fixed (landmark など認識可能なものを利用する e.g. from my
house)，coordinated (東西南北や経度・緯度などの抽象的な概念を利用す

る e.g. to the east) の 3 種類の参照枠を提案している。Hart and Moore の
システムでは，子供の概念獲得の研究を出発点としており，具体的な概念か
ら抽象的な概念へと獲得が進むことが示されている。一方, Levinson（1996:
135）は行動的，認知的，脳科学的観点から，空間参照枠には固有（intrin-
sic），相対（relative），絶対（absolute）の 3 種類があると述べている。以下
の図 1 は片岡（2011），Tenbrink（2011）を参考にレゴブロックの配置をス
キーマ化したものである。図 1 に示されている記号は以下の通りである。R
= relatum は起点，L = locatum は対象，P = perspective は視野の方向，
また，図 1 の（b）の三角は認識の視点を示す。[2]

(a)　固有：R と L の二項関係

　　□は○の前にある

　（1）　The square is in front of me.

(b)　相対：R, L, O の三項関係

　　□は○の右にある

　（2）　The square is on my right from the circle.

(c)　絶対：R と L の二項関係

　　□は○のドア側にある

　（3）　The square is on the door side from the circle.

図 1：空間参照枠の基底にあるスキーマ

　一般的には，左右は（b）の相対参
照枠を基にして語られる。例えば，正
方形のブロックが自身の右にある場
合，The yellow square is on my
right from the blue one. と表現され
る。聞き手の立場に立ち，相手の視点

図 2：衝立なし条件の作業場面

を利用する他者視点の参照枠を選択する場合には，The yellow square is on

---

　[2]　本稿では，井上（1998），片岡（2011），楠見（2010）を参考に，日本語訳を固有（in-
trinsic），相対（relative），絶対（absolute）のようにした。

your left from the blue one. と表現される。前者の場合は，話し手の視点が
とられており，聞き手は頭の中で垂直軸を中心に 180 度自身を回転させて
理解する。後者の場合，話し手が自身の方向を回転させて，聞き手の視点に
合わせており，聞き手はそのままの視点で理解することになる。つまり後者
の場合，話し手が回転後にどのように見えるかを想像した上で発話している
ことになる。

　しかし，本稿のデータでは，左右は（a）の固有参照枠で語られているよ
うに見えることがある。例えば，英語学習者の場合，教示者も作業者も
right や left という短い発話とともに指さしをすることが多い。自身をその
環境に埋め込み，まるで自身もブロックになったかのような発話になってい
る。佐伯（1978）は，このような擬人化を擬人的認識論と呼ぶ。佐伯による
と，他の人，モノの理解は，その他の人，モノに「なってみる」ことをさす。
しかも，自分の分身（コビト）を対象世界に潜入させるのではなく，対象の
周辺状況や関係を実感する必要があるという。佐伯は以下のように述べてい
る。

　　　外界のモノやコトの判断や推論は，「他者の身になる」という共感が
　　他「人」だけでなく，モノにまで拡張することで達成されるものだとい
　　う考え方を提案した。つまり，自分の分身をモノの中や世界のあちこち
　　に「派遣」し，「モノになる」こと，その場に身を置くこと，というよう
　　な「擬人化」によって，世界を探索し，（身代わりとなった）自らの全身
　　の経験として，外界の事物の在りよう，制約，可能性などを理解するの
　　だとして，そのような認識のあり方を「擬人的認識」と名付けた。この
　　擬人的認識というのは，外界を「属性」で「分析」して理解するという
　　ようなものではなく，自分の身体をすっぽり外界の対象物に「投入」し
　　て，その対象物に「なった」ところで（多くの場合，ただ「なる」だけ
　　でなく，そこでできそうなことを想像の上で「やって」みて），自分の
　　全身の感覚で「事態」を把握するのである。　　　（佐伯（2014: 61））

小説でたとえるならば，語り手が登場人物の視点や動きを統制して物語の一
部に入り込むようなもの，車の運転にたとえるならば，運転手が車の一部に

なったようなものだろうか。この擬人的認識に関して，篠原・松中（2005）
は位置関係の説明に関する実験を行っている。篠原・松中の実験では，自動
車と積木の絵を描写する際に，「自動車は積み木の前にある」と表現する日
本語母語話者と「自動車は積み木の左にある」と説明する日本語母語話者が
いたことが報告されている。後者の場合，まず，自動車が内在的に持つ前後
と左右の軸（e.g., エンジンを覆っているボンネットがあるほうが前など）が
話し手に投影される。次に，その視点が積み木の左右軸に利用される。その
結果「積み木の左」と解釈されるというものである。この実験結果は，左右
は，相対参照枠を基に語られるとは限らず，自己をモノに投射して位置関係
を説明する固有参照枠を基に語られる可能性を示している。

　では，本課題の 2 者が対面で位置関係を語る場合，話し手は自身と相手
のどちらの視点を取って語るのだろうか。そもそも視点はどのように利用さ
れるのだろうか。次節では，視点の取り方に関する実証実験について概観す
る。

2.2.　視点の取り方

　視点の取り方に関して，細馬（2003），細馬ほか（2004）が日本語母語話
者を対象に実験を行っている。細馬ほか（2004）は，対面と非対面条件（モ
ニター画面を利用）で，作業者が被っているヘルメットに付いているシール
の場所を教示者が教えるという課題を行った。シールの場所を教える際の教
示者の視点の取り方としては，対面する作業者から見た左右と，教示者自身
から見た左右の可能性がある。主な結果として，教示者はどちらの視点もと
るが，作業者は自己の視点をとることが示された。またジェスチャーのみ使
用する際には，教示者は自己の視点をとることがあり，自身の思考を整える
機能があることが示唆された。これらの結果に加えて，興味深い点は，作業
者の行為の豊かさである。作業者は教示者の説明に従って受動的に作業する
のではなく，逆に教示者は作業者に大きく依存することが示された。また，
対話の修復（repair）が含まれる場合でも，短時間（10 秒-60 秒）のうちに
シールを発見し，課題を完了することができることも示された。

　本研究はこの細馬らの研究を参考にしているが，細馬らと本研究の違い

は，本研究が相手の行為を繰り返すという現象を特に取り上げて，英語学習者データを対象に相互行為のプロセスを捉えようとしている点にある。図2は英語学習者の視点の取り方を示したものである。(a) は教示者が left と言いながら右をさして，作業者が left と繰り返して左をさしている場面である。言語的には限定詞がなく誰の視点かが不明瞭であるが，指さしの対象が同じであることから，共同注意の対象であるブロックの位置は共有できる。(b) は教示者が left，作業者が right と言いながら共同注意の対象を指さしている場面である。(a) と同様に限定詞がなく言語的には誰の視点であるかは不明瞭であるが，指さしによりブロックの位置が共有できている。(c) は教示者と作業者が共に右をさしながら right と発言している場面である。現実世界にある共同注意の対象は共有していないが，指示者は頭の中もしくは写真で対象の方向をさしており，作業者はブロックの方向をこの時点では特定できておらず，これが調整を促す。

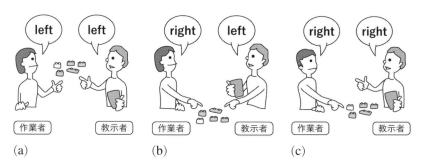

図3：空間参照枠と指さし

　このような指さしの繰り返しには，共同的・社会的行為として相互の理解を更新させる機能があり (Kimbara (2006))，話者間で情報を共有するための強力なツールになることが知られている (Mcneill (2008))。また，共感や承認といった機能以外に，対話を修復する，問題を解決する (Louwerse et al. (2012)) という機能がある。[3] したがって，指さしの繰り返しという現

---

[3] 繰り返しの包括的な説明は Rasenberg, Özyürek

象に注目することで，英語学習者特有の情報共有プロセスや相互理解の更新プロセスの一端を解明することができると考えられる。

　次章では，本稿で使用するデータを紹介した後，相互行為における視点の取り方，および指さしによる繰り返しから，固有参照枠を背景とする左右の相互理解について分類・整理する。

3.　方法

3.1.　課題達成対話コーパス

　本稿で使用するデータは以下の 4 グループである。主な議論の対象は英語学習者（中級）ペア（JEL-JEL (mid.)），英語学習者（上級）ペア（JEL-JEL (adv.)）のデータで，比較対象として英語母語話者ペアのデータ，[4] 英語母語話者と英語学習者のペアのデータを使用する。[5] また本稿では，指さしの繰り返しによる相互理解の過程を明らかにすることを目的としているため，それが両者に視覚的に共有される衝立なし条件のデータを使用する（計 10 時間）（Clark and Krych (2004)，谷村・吉田・仲本・竹内 (2015) 参照）。[6]

---

and Dingemanse (2020) を参照。

[4] 英語母語話者と英語学習者ペア，英語母語話者ペアのデータはあくまでも比較対象として使用する。また，英語母語話者データは 5 組分であるため，参考程度に使用している。

[5] 書き起こしの記号は以下の通りである。

::	：声の引き延ばし	hhh：笑い　（数）：沈黙の秒数．　↑↓：上昇・下降調の音調
(( ))	：注釈	wOrd：強調　　 -：言いさし　　 [ ]：発話の重なり
> <	：周りより発話速度が速い	°　°：周りより声が小さい
< >	：周りより発話速度が遅い	．：下降調で発話の区切れを示す
?	：上昇調で疑問を示す	，：下降から上昇調で発話継続を示す
( )	：聞き取れない発話	＝：前後の発話がつながっている

[6] 衝立あり条件にも指さしは出現しており，相手の指さしを繰り返している可能性はあるが，相手に見えているという保証がないため今回は扱わない。

	ペア×試行	総数
英語学習者ペア（中級）JEL-JEL (mid.)	8 × 10	80
英語学習者ペア（上級）JEL-JEL (adv.)	8 × 10	80
英語母語話者と英語学習者のペア NES-JEL	8 × 10	80
英語母語話者ペア NES-NES	5 × 10	50

表1：各ペアのデータ数

3.2.　分析方法

　図4は，図1を参考に対面での空間参照枠をスキーマ化したものである。固有参照枠に基づく言語表現と指さしの方向の可能性は以下の通りである。(a) は作業者もしくは教示者の視点が取られる，言い換えると，どちらかの視点に合わせるという調整を行っていることを示す。(b) は両者それぞれが自己の視点をとっている，つまり別々の視点をとっていることを示す。(c) は言語表現に視点が明確に反映されていないことを示す。

(a)　視点が一致
　　(a1) 教示者：your left　　作業者：my left
　　(a2) 教示者：my left　　作業者：your left
(b)　視点が不一致
　　(b1) 教示者：my right　　作業者：my left
　　(b2) 教示者：your right　　作業者：your left
(c)　視点不明瞭
　　(c1) 教示者：the right　　作業者：the left
　　(c2) 教示者：right　　作業者：left

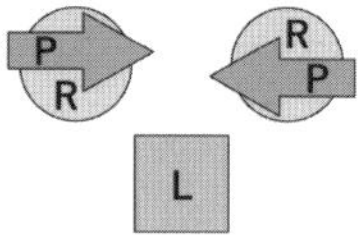

図4：対面での空間参照枠の基底にあるスキーマ

　英語学習者ペアでは上記の (c) にあたるケースが多かった（図3参照）。つまり作業者と教示者のどちらの視点を使用しているかが特定できない事例が多かった。言語的に視点が特定できないと，当然，指さしの視点も特定できない。そのため，指さしに関しては (i) 両者が同一方向をさす，(ii) 指さ

しが反対方向から同一方向に移行する，の二通りを設定した。具体例を見て
おこう。

(1)　JEL-JEL (adv.) Workspace Visible 07

発話　D: 教示者 B: 作業者	視点	指さし
01　D:　And on your left side, there's gonna be, yellow.	作業者	なし
02　B:　◦There's gonna be a yellow◦ ON MY, [　left　]?	作業者	左方向を さす
03　D:　　　　　[Left side] yeah yeah. ◦That's it.◦	不明瞭	右方向を さす
04　B:　Okay.		

　(1) の 1 行目で教示者が your left と言うと，2 行目で作業者が my left
と質問しながら左方向をさす。次に 3 行目で教示者は，前発話に被せて右
手で右方向をさしながら left side と繰り返し，yeah yeah yeah と前発話を
肯定している。この指示－質問－応答の談話構造は，情報探索の典型的な形
(Hutchby and Wooffitt (2008)) であるが，3 行目の限定詞のない left side
という応答が作業者の発話理解を損なうものになっていない点は注目に値す
る。これは，右方向への指さしが応答の役割を担っているからで，4 行目の
作業者による okay という承認発話につながっている。このように参与者ら
は，非言語の要素を共同行為の各時点で駆使して利用し，お互いが共有知識
の一部として取り込んでいる (Schober and Clark (1989), Clark (1996))。
つまり，両者は同方向を指さすという繰り返しにより，言語の曖昧性の排除
に成功しているといえる。

3.3.　記述方法

　現象の記述には ELAN
(https://archive.mpi.nl/tla/
elan) を使用した。図5は動画
解析ツール ELAN で，対話の
書き起こしを入力し，左右と手
の動作に対して注釈を付与し
た。このようにして，左右を示
す言語表現と指さしの繰り返し
を同定した (☛ コラム参照)。

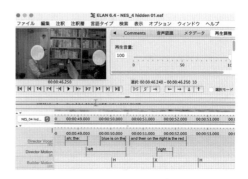

図5：動画解析ツール ELAN による左右
　　の記述

4.　結果

　以下の4.1節では左右という言語表現と指さしの繰り返しを定量的に分析
する。続いて4.2節では発話例からどのように基盤化形成がなされるのかを
定性的に観察する。

4.1.　定量的分析

　図6は，左右を示す言語表現と指さしを併用しかつ繰り返している場合
の件数を示している。出現頻度は NES-NES，JEL-JEL (mid.)，JEL-JEL
(adv.)，NES-JEL の順に増加する。[7] NES-JEL は他のペアと比べて相互理
解に達しているかどうかをより慎重に確認し合っていたと考えられる。逆に
NES-NES は言語的に明確であるため指さしを必要としなかったことを示し
ている。

---

[7] 言語とジェスチャーの同期性が高いほど有益であるとは限らず，それらは柔軟に使用
される (Mayo and Gordon (2020))。

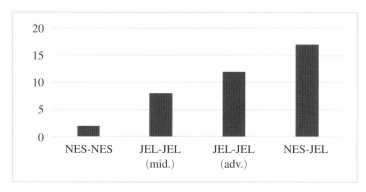

図 6：言語表現と指さしの繰り返し

　図 7 は，空間参照枠に基づく視点が明瞭に示されていたかどうかを示している。JEL-JEL (mid.), JEL-JEL (adv.) では，視点の不明瞭な場合（e.g., right, left のみ）が圧倒的に多い。一方，NES-NES, NES-JEL は視点の明瞭な場合（e.g., It should be on your left is a blue on your right is green.）と不明瞭な場合（e.g., And just clarify the red's on the left and the blue's on the right.）がほぼ半数づつである。この結果は英語話者も学習者も言語的に視点を明瞭に示すことなく相互理解に至っていることを示す。

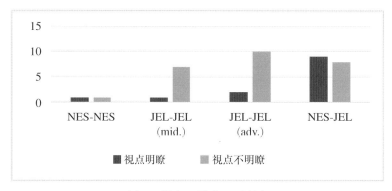

図 7：視点の明瞭・不明瞭

　図 8 は，教示者と作業者が同一方向を指さす場合（同一方向）と，別々の

方向をさす場合（別方向）の頻度を示している。[8] JEL-JEL（adv.），NES-JEL，NES-NES は，同一方向をさす場合の方が別方向をさす場合よりも多い。これは，スムーズな課題達成につながる聞き手指向の考え（難波（2020））が指さしに表れていると考えられる。一方，JEL-JEL（mid.）は別方向をさす場合の方が多く，自己視点を優先した指さしになっていると考えられる。ワーキングメモリーの研究を行っている苧阪（2012）によると，情報の保持と処理の間にはトレードオフが存在し，情報の処理に大量の容量が使用される場合，一時的にオーバーフローし，物忘れを起こしたり，行為のし忘れといったミスが生じるという。つまり，JEL-JEL（mid.）は他者の心的状態を推測して，他者の視点を取ることが困難な状態にあると考えられる（c.f.,「心の理論」子安・郷式（編）（2016））。

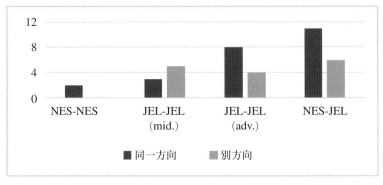

図 8 ：指さしの方向

4.2.　定性的分析

　本節では，上記の定量的分析を踏まえて，参与者らが指さしを繰り返すことで，どのように知識状態の非対称性を解消し，相互理解を達成するかを，指示-質問-応答の談話構造から分析する。(2) (3) は，同一方向の指さしを含む事例，(4) は別方向を指さした後に調整を始める事例である。

---

[8]　別方向は，最後まで別方向をさしている場合と途中でどちらかの指さしの方向に移行する場合を含む。

　まず（2）は，参与者らが left という同一語句を両者が繰り返しながら，同一方向を指さしている場面である。

　(2)　JEL-JEL (mid.) Workspace Visible 04

01　D:　And you: put the yEllow one↑ (2)　　右手で左方向
　　　　m:: o:n the left (2) >left side<?　　　を3回さす

02　B:　Left side?=

右をさす

03　D:　=On yes.

（2）の1行目で教示者は，the left left side と言いながら自身の左方向を指さす。すると2行目で作業者は右方向をさしながら left side? と上昇調の音調で質問する。指さしの方向は一致しているものの，教示者の視点が不明確であるため指示に確信が持てていないことが理解可能である。これに対し次の3行目で，教示者は，質問に対する応答の前に，on という追加の説明をしている。これはブロックの上に手に持っているブロックをのせることを指示（instructions）するもので，その後に yes と質問に対して応答している。このように作業者による指さしの繰り返しは，言語的には不明瞭な指示者の視点を確認する質問として機能しており，教示者の肯定の応答により，知識の非対称性が解消されている（図9参照）。

層（Layer）	時間軸 →		
D: B:	Left side	Left side?	On yes
談話構造 指さし	指示 Dの左	質問 Bの右	応答
指さし方向	同一方向		

図9：分析用に修正した ELAN の記述

　次の（3）は参与者らが同一方向を指さす行為を繰り返しているが，言語
的には同一語句の繰り返しになっていない例である。

　（3）　JEL-JEL（mid.）Workspace visible 07

01　D:　Switch yes a:h a:nd BIG green block o:n the YEllow block
　　　　cr- cross? Cross?

02　B:　CROSS?

03　D:　Yes.

04　B:　A:: right?

右手で右を
さす

05　D:　(1) Yes left.

左手で
左をさす

06　B:　<緑のブロックを黄色のブロックの上に
　　　　持ってきたあと，右をさす>

右手で右を
さす

07　D:　Un-hum.

　（3）では，作業者が right? と質問しながら右方向を指さすと（4行目），
教示者が yes left と応答しながら左方向を指さしている（5行目）。この事
例も（2）と同様に your や my といった限定詞の使用がないため，誰から見
ての左右なのか，どこから見ての左右なのかが不明である。しかも作業者の
right に対して，教示者は yes と肯定した後に left と応答している。これは
非常に奇妙な応答に聞こえる。実際，この時点で両者は同じ方向を指さして
はいるが，次の6行目で作業者は言語を発することなく再度，右をさして
確認している。そして7行目の承認により，知識共有がなされたことが示
される（Yasui（2013））。このような指さしが発話の役割を引き継ぐ（Hsu,
Brône and Feyaerts（2021））行為は，話者は共同作業の目標を達成するた
めに言葉ではなくジェスチャーの形式を強調するという Masson-Carro,
Goudbeek and Krahmer（2016）の指摘に合致する。

　つまり left や right といった言語情報自体は知識状況の非対称性の解消に
ほぼ貢献しておらず右や左という「方向」に注意を向けさせるリソースとし
て利用されているに過ぎない。むしろ，言語を発する際の上昇調や下降調の
音調や指さしの繰り返しが質問や応答の機能を担っている（図 10 参照）。

層（Layer）	時間軸 →→→			
D:			Yes left	
B:		Right?		un-hum
談話構造	指示	質問	応答	承認
指さし		B の右	D の左	B の右
		（指さし図）	（指さし図）	（指さし図）
指さし方向		同一方向		

図 10：分析用に修正した ELAN の記述

　最後に（4）の例を見ておこう。指さしはいつも同一方向になるとは限ら
ない。両者が別方向を指さした後に，指さしの方向を一致させるという調整
が行われる場合もある。

　（4）　JEL-JEL (mid.) Workspace Visible 08
01　D:　You need <grEEn> (.) big green block.　　右手で
　　　　A:: next to the blue block, righ- right side?　上をさす

02　B:　Right side?　　　　　　　　　　　　　　右手を
　　　　　　　　　　　　　　　　　　　　　　　右に振る

　　　　　　　　　　　　　　　　　　　　　　　右手を
　　　　　　　　　　　　　　　　　　　　　　　右に振る

03　B:　Right side.　　　　　　　　　　　　　　右手で
　　　　〈ブロックを積む〉　　　　　　　　　　　左をさす

　1行目で教示者は右手で上をさしながら，next to the blue block rig-right side と指示を出す。すると2行目で作業者は右手を右に振りながら right side? と質問している。この時点で両者の指さしは別方向である。この直後に教示者は右手を右に振る。右手を上げるという最初の行為と比べて，手を振るという行為は，より相手の注意を引く行為となっている。これを受けて，作業者は right side と言いながら右手で左をさす。つまり，教示者と同じ方向をさすという調整を始める。このような即興的で積極的な対話への関わりは細馬ほか（2004）の結果にも見られ，相互理解の局所的な更新を示すものである（Lilja and Piirainen-Marsh（2022））。

　以下の ELAN の修正表記が示すように，3行目の right side という発話の繰り返しはほぼ自動的に（automatic）なされており（Bergman and Kopp（2012）），「方向」に注意を向けさせるリソースとして利用されているに過ぎない。実質的には，言語を発する時の上昇調，下降調の音調と指さしの繰り返しが，指示−質問−承認として機能しており，これらの指さしによって，「今，ここ」の問題が局所的に即興的に解決されていると考えられる。

層（Layer）	時間軸			
D:	Right side			
B:		Right side?		Right side
談話構造	指示	質問	応答	承認
指さし	D の右	B の右	D の右	B の左
指さし方向	別方向	別方向	同一方向	

図11：分析用に修正した ELAN の記述

これらの例は，佐伯のいう擬人的認識が外界の知覚に反映されていたことを示している。つまり，外界の知覚や理解のために，英語学習者は言語による知識のやりとりよりも，「モノ」になって，そこに自分を置き，自分の経験として実感する方法を重視していた。以上をまとめると，英語学習者はこの

「モノ」の視点を，発話の音調や指さしといったリソースを相互に調整し，認識の共有につなげることで，問題を解決していたと考えられる。

5.　まとめと今後の課題

　空間認知では参照枠によって相互理解に混乱が生じることがあるという問題を出発点に，本稿では左右の身体的位置付けと指さしに注目し，英語学習者らがどのように自身を空間に位置付け，相互理解に至るのかをマルチモーダルに分析した。

　まず定量的分析から，JEL-JEL（mid.）と JEL-JEL（adv.）では，参照枠の視点が不明瞭な場合（e.g., left, right のみ）が多いこと，また指さしの繰り返しでは，最初から両者が同一方向をさす場合と別方向をさした後に調整する場合があることが示された。

　定性的分析からは，JEL-JEL（mid.）の場合は特に，left や right といった言語情報は知識の非対称性の解消にほぼ貢献しておらず，実質的な方向特定の機能は言語を発する際の上昇と下降の音調と指さしの繰り返しにあることを示した。そしてこれらが指示―質問―応答―承認の談話構造を通して，問題解決に貢献することをマルチモーダルな分析により提示した。また，英語学習者による調整は「今，ここ」の問題解決をするために共同でなされており，決まったルールがあるというよりは局所的で即興的な行為に依存することを示した。特に JEL-JEL（mid.）は両者が別の方向を指さしても，すぐに調整を開始することを観察した。

　従来の研究では，知識状態の非対称性は言語のやりとりを通して解消されるという議論が多数を占めていた。また，非言語要素の検討はあっても，言語と非言語の要素を別々に議論することも多かった。しかし本稿で見たように，マルチモーダルに分析することで，英語学習者は，左右に関する知識状態の非対称性を，言語情報よりもむしろ発話の音調や指さしといった非言語情報で解消していることが明らかになった。今後は，このような分析方法による総合的な研究の進展が期待される。

参考文献

Bergmann, Kirsten and Stefan Kopp (2012) "Gestural Alignment in Natural Dia-
logue," *Proceedings of the 34th Annual Conference of the Cognitive Science
Society*, 1326-1331.

Clark, H. Herbert (1996) *Using Language*, Oxford University Press, Oxford.

Clark, Herbert H. and Meredyth A. Krych (2004) "Speaking while Monitoring Ad-
dressees for Understanding," *Journal of Memory and Language* 50(1), 62-81.

Hart, Roger A. and Gary T. Moore (1973) "The Development of Spatial Cognition:
A Review," *Image & Environment: Cognitive Mapping and Spatial Behavior*,
ed. by Roger M. Downs and Stea David, 246-288, Routledge, London/New
York.

細馬宏通 (2003)「対面会話におけるジェスチャーの空間参照枠と左右性」『言語・音
声理解と対話処理研究会』, 人工知能学会 (編), 37, 157-160.

細馬宏通・石津香菜・繁松麻衣子・中村智代・矢野雅人 (2004)「身体を示し合う会
話——自分の身体で相手の身体を語ること——」『社会言語科学会第 14 回大会発表
論文集』67-70.

Hsu, Hui-Chieh, Geert Brône and Kurt Feyaerts (2021) "When Gesture "takes
over": Speech-embedded Nonverbal Depictions in Multimodal Interaction,"
Frontiers in Psychology. https://doi.org/10.3389/fpsyg.2020.552533

Hutchby, Ian and Robin Wooffitt (2008) *Conversation Analysis: Principles, Prac-
tices and Applications*, Polity, Cambridge.

井上京子 (1998)『もし「右」や「左」がなかったら——言語人類学への招待』大修館書
店, 東京.

片岡邦好 (2011)「道案内の指差しに見る「絶対/相対参照枠」の主観的融合」『人工知
能学会誌』26, 323-333.

片岡邦好 (2018)「空間的視点取り類型と対照研究への応用について——空間描写と身
体表象を中心に——」『社会言語科学』21(1), 19-34.

Kimbara, Irene (2006) "On Gestural Mimicry," *Gesture* 6(1), 39-61.

子安増生・郷式徹 (編) (2016)『心の理論——第 2 世代の研究へ』新曜社, 東京.

楠見孝 (編) (2010)『現代の心理学 3 思考と言語』北大路書房, 東京.

Levinson, Stephen C. (1996) "Frames of Reference and Molyneux's Question
Crosslinguistic Evidence," *Language and Space, ed. by Paul Bloom, Merrill F.
Garrett, Lynn Nadel and Mary A. Peterson, 109-169, MIT Press, Cambridge.*

Lilja, Niina and Arja Piirainen-Marsh (2022) "Recipient Design by Gestures: How
Depictive Gestures Embody Actions in Cooking Instructions," *Social Interac-
tion* 5(1), https://doi.org/10.7146/si.v5i2.130874

Louwerse, Max M., Rick Dale, Ellen G. Bard and Patrick Jeuniaux (2012) "Behavior Matching in Multimodal Communication is Synchronized," *Cognitive Science* 36(8), 1404-1426.

Masson-Carro, Ingrid, Martijn Goudbeek and Emiel Krahmer (2016) "Imposing Cognitive Constraints on Reference Production: The Interplay Between Speech and Gesture During Grounding," *Memory and Common Ground Processes in Language Use*, ed. by Sarah Brown-Schmidta and Melissa C. Duffb and William S. Horton, 8(4), 819-836.

Mayo, Oded and Ilanit Gordon (2020) "In and Out of Synchrony-Behavioral and Physiological Dynamics of Dyadic Interpersonal Coordination," *Psychophysiology* 57: e13574.

McNeill, David (2008) "Gestures of Power and the Power of Gestures," *Proceedings of the Berlin Ritual-Conference*, ed. by Fischer-Lichte Erika and Wulf Christoph, 1-13.

難波彩子 (2020)「同調から広がる会話の一体感──場の理論による解釈」『場とことばの諸相』, 井出祥子・藤井洋子 (編), 155-191, ひつじ書房, 東京.

苧阪直行 (2012)「前頭前野とワーキングメモリ」『高次脳機能研究』32(19), 7-14.

Rasenberg, Marlou, Asli Özyürek and Mark Dingemanse (2020) "Alignment in Multimodal Interaction: An Integrative Framework," *Cognitive Science* 44(11): e12911.

佐伯胖 (1978)『イメージ化による知識と学習』東洋館出版社, 東京.

佐伯胖 (2014)『幼児教育へのいざない──円熟した保育者になるために──』[増補改訂版] 東京大学出版, 東京.

Schober, Michael F. and Herbert H. Clark (1989) "Understanding by Addressees and Overhearers," *Cognitive Psychology* 21(2), 211-232.

篠原和子・松中義大 (2005)「日本語の空間語彙と参照枠についての実験的研究」『日本認知言語学会論文集』5, 471-481.

谷村緑・吉田悦子 (2023)「英語学習者対面会話における左右の相互理解プロセス──言語とジェスチャーの反復に注目して──」『日本教育工学会研究報告集』巻 2 号, 289-296.

谷村緑・吉田悦子・仲本康一郎・竹内和広 (2015)「課題遂行対話における相互行為プロセス──英語母話者と日本人英語学習者はどのようにグラウンディングを成立させるか──」『第 35 回社会言語科学会研究大会発表論文集』164-167.

Tenbrink, Thora (2011) "Reference Frames of Space and Time in Language," *Journal of Pragmatics* 43, 704-722.

Yasui, Eiko (2013) "Collaborative Idea Construction: Repetition of Gestures and Talk in Joint Brainstorming," *Journal of Pragmatics* 46, 157-172.

吉村浩一 (2002)『逆さめがねの左右学』ナカニシヤ出版, 京都.

コラム

マルチモーダルアノテーションツール「ELAN」

川端良子（国立国語研究所）

　会話に限らず人（々）の行動を対象にした研究では，研究対象の音声や映像を収録し，収録されたデータを詳細に分析することが多い。研究者によって関心は異なるものの，研究者たちがデータに対して共通して行う作業がある。それは音声や映像という時間ベースの信号の中から注目する現象が生じている箇所を抽出することである。この作業をサポートするソフトウェアの1つが「ELAN」[1] である。本コラムは，7章の分析での利用に注目してELAN の機能について説明する。

　7章の研究では ELAN を用いることで，マルチモーダルなデータを実証的・定量的に分析するために不可欠な以下の操作・観察の精度向上と効率化が可能になっている。

・複数のメディア（音声・動画など）を同時に再生する。非同期のメディアは開始時間をずらして同期させることができる。

・メディアの開始から終了までの時間を示す横軸（図4の下部。「注釈層」と呼ばれる）の任意の箇所に注釈を作成できる。

・各注釈はメディアの時間とリンクしており，リンクした範囲のメディアを繰り返し再生し，観察することができる。

・注釈層は制限なく増やすことができる。同時に生じる可能性のある現象（異なる話者の発話，ジェスチャーなど）は別の注釈層に注釈を作成することでマルチモーダルな活動の生起をミリ秒単位で分析することができる。図4では，教示者音声，教示者動作，作業者動作の3つ注釈層があり，行為の開始・終了時間と内容が注釈によって示されている。

・注釈に入力するテキストのリスト（管理語）を定義することで効率的に注釈を作ることができる。図4の作業者動作は，準備（P），スト

---

[1] マックス・プランク心理言語学研究所で開発されたオープンソースのソフトウェア。無料で使用できる。https://archive.mpi.nl/tla/elan

ローク (S)，復帰 (R)，ホールド (H)，その他 (X) の 5 種類から入
力を選択する。
・ELAN で注釈を作成した複数のファイルに対して，さまざまな条件
の指定や正規表現による検索ができる。たとえば，教示者の「右」を
指差すジェスチャーと “left” という表現を含む発話が重複する箇所
を複数の会話から抽出できる。

　言語データへのアノテーションを支援するツールは，大規模なデータを扱
うプロジェクトが増え始めた 1980 年代後半から研究開発が進んでいる。初
期のツールは，特定の課題の解決に特化したものであったが，アノテーショ
ンモデルの研究などによって汎用的なツールに進化している (Ide and
Pustejovsky (2017))。ELAN は異なる複数のユーザーグループで利用され
ることを想定して開発された (Brugman and Russel (2004))。その 1 つが
マルチモーダルな相互行為研究のグループであり，ELAN は他のツールと
比べると幅広いメディアフォーマットに対応している。近年は細馬・菊地
(2019) を筆頭に日本語による解説も増えており，使い方を学びやすくなっ
ている。動画等を用いた分析に興味がある方には利用をお勧めする。そして
成果発表では利用ツールの引用[2]も忘れずにお願いしたい。

参考文献

Brugman, Hennie and Albert Russel (2004) "Annotating Multi-media/Multi-
　　modal Resources with ELAN," *LREC* 2065–2068.
Ide, Nancy and James Pustejovsky, eds. (2017) *Handbook of Linguistic Annota-
　　tion,* Springer, Dordrecht.
細馬宏通・菊地浩平（編）(2019)『ELAN 入門——言語学・行動学からメディア
　　研究まで』ひつじ書房，東京.

---

[2] ELAN の引用についてはこちらを参照 https://archive.mpi.nl/tla/elan/cite

基盤化と概念化

第 8 章

日英語のイメージ・メタファー
―相互行為のなかの指示と描写―*

仲本康一郎・谷村　緑

山梨大学・立命館大学

1.　はじめに

　グリム兄弟のメルヘンには，「雪のような白い肌，血のように赤い頬，黒檀のように黒い髪」(「白雪姫」)というように，感覚的なイメージに基づく比喩的な語りの様式が多くみられる。このような感覚に訴えるメタフォリカルな描写によって，私たちは登場人物の生き生きとした姿を思い描くことができる。

　西洋の伝統では，こうした比喩は文学的な修辞技法と位置づけられてきたが，実はその使用範囲は文学作品にとどまらない。例えば，私たちは，地中海に突き出たイタリア半島をみて「長靴みたいなかたち」と描写したり，整然とした京都の街並みを「碁盤の目のような」と説明したりするとき，比喩的な表現を用いている。

　このような比喩はとりわけなじみのない現象を説明するのに有効に機能する。認知言語学では，日常言語におけるこうした比喩の機能を認識しつつも，これらの表現が実際のコミュニケーションにおいて相互理解にどう貢献するのか，そのさい，会話はどのように組織化されるのかといった観点は欠

---

*本研究は，Tanimura, Nakamoto and Yoshida (2020) の論考をもとに加筆，修正を施したものである。

けていた。[1]

　本研究では，課題達成対話において，実験参加者がコミュニケーションの
リソースとして比喩的な表現をどのように利用し，相互理解を図っているか
を記述する。具体的には，日英語の指示と描写の表現に注目し，日英語の話
者が文化的リソースを参照し，どのようなメタファー表現を創意工夫してい
るかを考察する。

　本章の流れは以下の通りである。まず，相互行為における指示と描写に関
する先行研究をもとに，日英語の指示表現を分析する。次に，課題達成対話
において日英語の話者が用いるイメージ・メタファーのバリエーションを考
察し，さらにそれらを相互行為のプロセスにおいて論じる。最後に，本研究
のまとめと今後の展望を述べる。

2.　先行研究

2.1.　指示と描写

　会話の参与者は事物を指さすことで同じ対象に注意を向け，そのことを相
互に了解する。比較認知科学者のトマセロは，こうした相互理解が成り立っ
ている状態を共同注意と呼び，この一見単純な行動こそが，その後の豊かな
言語世界を生み出していく契機となっていると指摘する（Tomasello
(1999)）。[2]

　Enfield and Stivers eds.（2007）も，相互行為における指さしの重要性を
認識し，指示という行為を相互行為の一環に位置づけ，そのコミュニケー
ション上の機能を論じている。Enfield（2013）によれば，指示（reference）
とは，「人物，場所，時間，その他のカテゴリーに意識を向けさせること」
とされる。

---

　[1]　メタファーの談話分析については，Tyler, Kim and Takada eds.（2008）や Ferrando
ed.（2019）などがある。また，Tenbrink（2020）は認知言語学と相互行為の言語学を統合
する試みとして注目される。
　[2]　課題達成対話においては，共同注意を成立させる「見る」という行為そのものがコミュ
ニケーションの代替として機能する（Gergle, Kraut and Fussell（2004））。

　また，須賀（2018）は，Enfield（2013）の指示の定義に対して，指示には，2つのプロセスがふくまれると指摘する。ひとつは同じ対象に注意を向ける「同定」，もうひとつはそれがどのようなものかを知らせる「認識」である。本研究でも，ブロックの同定と，途中段階におけるブロックの認識の両者に注目する。

　また，指示を行う「指示表現」には，「ひろし」のような固有表現と「友だち」のようなカテゴリー表現があるとされるが（Schegloff（2007）），須賀はこれに加えて，「となりに住んでいた子」のような臨時的な描写表現があると指摘し，こういった描写表現は聞き手に合わせて柔軟にデザインされると述べている。

　本研究では，第一に，課題達成対話における指示表現に着目し，課題参加者が，具体的にどのような談話ストラテジーを用いて，聞き手に合わせて発話をデザインするかを観察する。とりわけ本研究では，教示者が作業者にブロックを指示するとき，いかにして効率的に指示を行っているかに注目して記述する。

2.2. イメージ・メタファー

　指示行為を成立させるための適切な指示表現が見つからず，コミュニケーションにおいて聞き手を目標物に接近させるのが困難であるとき，私たちは描写表現を駆使してその場を切り抜ける。本研究では，課題達成対話に頻出するイメージ・メタファーをとりあげ，アドホックな言語使用の実態を考察する。[3]

　Lakoff and Johnson（1980）は，日常言語におけるメタファーの重要性を指摘し，《人生は旅である》《時間は資源である》《議論は闘いである》といった概念メタファーを提案してきた。しかし，私たちが日常言語で用いるメタファーはこうした概念的なものにかぎらない。

　Lakoff and Turner（1989）は，次のように述べている。[4]

---

　[3] イメージ・メタファーの具体的分析については鍋島（2011）を参照。
　[4] My wife … whose waist is an hourglass.（「私の妻 … その腰は砂時計だ。」）という詩

隠喩はそのすべてが概念構造間の写像によって成り立つわけではない。概念間写像による隠喩は，無意識にまた自動的にわれわれの世界の理解を組織しているが，それとは別にもっと即時的な隠喩が存在する。それは概念というよりはイメージの写像である。（邦訳：大堀 (1994: 100)）

　イメージ・メタファーとは，感覚的なイメージの共有を通して，その場で即興的に制作されるメタファーということになる。ただ，こうしたイメージ・メタファーの存在はこれまで認識されていたものの，それが実際のコミュニケーションにおいてどのように機能するのかに着目し，その談話的な機能を論じた研究は少ない。

　そこで，本研究では，第二に，課題達成対話において，参与者がイメージ・メタファーをどのように工夫し，相互理解を実現させているのかを記述する。また，そのさい，英語話者と日本語話者でイメージとして利用されるリソースにどのような違いがあるかを，日英語における具体的なメタファー表現に即して記述する。

2.3.　相互行為分析

　認知人類学者のサッチマンによれば，私たちはあらかじめ立てたプランを実行するだけの存在でない。周囲の状況が刻々と変化するなかで，私たちはそうした変化に適切に応答し，柔軟に行動を選択する。Suchman (1987) は，そうした状況に埋め込まれた行為を状況内行為と呼び，なかでも私たちが日々行っている「会話」に注目した。

　会話は，参与者が話したり聞いたりすることの継続的な関与を通して達成される相互行為である (Clark (1996))。会話の参与者は，相互行為のプロセスで生み出される，視線，表情，指さし，うなずき，姿勢といったコミュニケーションの合図句を積極的に利用することで，共同で会話を組織化していく。

　現在，相互行為の言語学では，こうした合図句とともに，物質的環境や文

───────────

の一節では，砂時計（hourglass）という視覚的イメージが妻のウエストのかたちに写像されている。

化的知識も会話を活性化するためのリソースとなることを認め，会話の参与
者が環境の意味や価値を相互に承認したり，文化的な知識を共有したりする
ことでコミュニケーションを円滑に進めていく様子を記述している（城
(2018)）。[5]

　本研究で注目するイメージ・メタファーは，日英語の話者がそれぞれの文
化モデルに依拠することで成立する言語的リソースである（Holland and
Quinn eds. (1987)）。[6] 課題達成対話において参与者は利用可能なモデルを
参照し，メタファーを共同で構築することによって，聞き手に合わせて表現
をデザインする。

　さらに，今回の課題達成対話では，参与者はたびたびコミュニケーション
のトラブルに遭遇する。イメージ・メタファーは，まさにそうしたトラブル
の修復において効果的に機能する。そこで，本研究では最後に，参与者がメ
タファー表現を駆使し，どのようにトラブルを修復し，会話を組織化してい
るかを明らかにする。

3.　指示表現

　はじめに日英語における指示表現をみていこう。課題達成対話において指
示が行われる場面には，ブロックの選択を指示する場面と，ブロックを組み
立てる途中段階においてブロックの構造に注意を向けさせる場面の2つが
ある。ここではブロックを組み立てるさいに，動かすべきブロックを指示す
るときの表現をみていく。

3.1.　指示と同定 — 英語話者

　英語話者は指示行為を成立させるための最小限の情報を用いて作業を進め
ていた。例えば，ブロック課題において特徴的に用いられる名詞表現には

---

[5] 近年，認知言語学でも，言語のマルチモダリティに関心が高まっている（Forceville
and Urios-Aparisi eds. (2009)）。

[6] 応用言語学者の Cameron (2010) は，メタファーとは無からの創造の産物ではなく，
慣習的に共有された理解を呼び起こすものであると述べている。

brick, piece, one などがあるが，作業が進行するにつれて，brick > piece > one の順に，相互に理解可能な代用表現を用いて指示を最小化する傾向がみられた。[7]

　また，ブロックを同定する場合，色と形という 2 つの情報が利用できるが，英語話者は a red brick のような色彩情報を重視する傾向が強かった。ただし，色の情報だけでは複数の選択肢が残るときは，a *small* red piece のようなサイズ情報や，a red one *on top of* the blue one のような位置情報が添えられた。

　また，位置情報に関しては，on top of, in the middle, on the edge のような多様な前置詞句が用いられた。英語の場合，設置動詞が場所の情報を持たないため，前置詞句によって位置情報を明示する必要がある。このとき，top, bottom, center, middle, side, edge, corner のような相対名詞が利用された。

　さらに，教示者と作業者の視点が混乱する可能性がある場合，left や right などの相対参照枠を避け，I want you to put it on the western side のように east や west といった絶対参照枠を利用したり，on the window side や on the door side のような，周囲の環境を利用する固有参照枠が用いられた (Levinson (2003))。

　また，ブロックの空間的な構造を描写するのに，straight, (a)round, direction, touch, connect といった基礎語彙だけでなく，数学の専門用語が積極的に用いられた。例えば，horizontal（水平），vertical（鉛直），parallel（平行），perpendicular（垂直），diagonal（対角線），mirror image（左右対称）といった語が頻繁に用いられた。

3.2.　指示と同定 ── 日本語話者

　次に，日本語話者の場合，「赤の正方形」や「青の長方形」のように色彩と

---

[7] 代用表現はトピックの連続性を保持する現象として談話分析の分野で注目されてきた。本書の編者の一人である吉田も，日英語における指示表現の使用を中心化理論に沿って詳細に記述している (Yoshida (2011))。

形状を組み合わせた指示が用いられた。しかし，指示対象が共有されたあとは，「で，その赤と青をくっつけるようにして，緑の長方形を重ねます。」のように省略表現が用いられた。また，このとき，「赤いの」「青いやつ」のような代用表現も多用された。

　また，位置情報に関しては，日本語話者も課題の進行とともに，「その上に」のような場所表現を用いて相対的な設置場所を指示するようになる。具体的には，「上」「下」「右」「左」「真ん中」「縦」「横」「端」「奥」などの相対名詞のほか，「黄色いやつを縦長／横長に置いて」のような詳細な空間表現も用いられた。

　また，「いまつけた赤のブロックの上に」「さっきつけた黄色い小さいやつ」「反対側の青の正方形にも同じようにして」のような，実験参加者の記憶をてがかりにした指示表現も観察された。こうした共有経験に基づく情報は，日英語を問わず，談話において相互に利用可能なリソースとして蓄積され，再利用されていく。

　また，教示者が作業者の視線を誘導しながら，作業を分割し指示を与える場面も多くみられた。例えば，「[…] でっぱってるやんか（でしょ），青と赤は。」「うん。」「そこに緑と赤の長い方（を）」というように，まず特定の部位に視線を誘導し，そのうえで指示詞「そこ」を用いて具体的な作業を指示していた。[8]

　さらに，日本語話者も英語話者と同様に，「青の長方形と平行になるように」「土台に対して交差するように」「左右対称になるから」といった数学的な用語を多用した。こうした表現によって相互理解ができるのは，これらがもはや専門用語ではなく，日常言語における基本語彙として機能していることを意味する。

　以上，日英語の話者による指示表現を観察し，実験参加者が指示や省略，代用表現などを用いながら，聞き手に合わせて発話をデザインしていること

---

[8] 須賀（2018）は，「聞き手が認識しやすいと思われる他の対象について認識要求を行い，それと関連付けることによって意図した対象を指示する手続き」を「二段階の認識確認」（ibid.: 66）と呼んでいる。

を観察した。次に，こうした直接的な指示を行うことができない，名もなきものを名づけるときの描写表現——イメージ・メタファーについてみていこう。

4.　イメージ・メタファー

イメージ・メタファーとは，感覚的なイメージをもとにして臨時的にその場で作成されるアドホックなメタファーである。今回の課題達成対話では，実験参加者が複雑に構成されたブロックの形状や構造を描写するとき，視覚類似性をもとにしたイメージ・メタファーを用いることで，効果的に相互理解が図られていた。

4.1.　英語話者の視覚イメージ

まず，英語話者は，全般的にイメージ・メタファーを多用する傾向が強い。以下は，like, kind, sort などの直喩を表す表現をもとに抽出したメタファーである（表1）。英語話者は，アルファベット，地形，建築物，人工物などを利用することで，目標となるブロックの形状や構造をわかりやすく描写した。

イメージ・メタファーとして利用されるのはシンプルな形状のものが多い。例えば，アルファベットの C, T, U, V, Z などは構造が単純であり，組み立てたブロックの幾何学的な特徴に注意を向けるのに有効に働く。また，凹凸を表すのに hole（穴），nub（突起），step（段）といった地形の表現が用いられた。[9]

また，レゴ・ブロックの構造を描写するとき，さまざまな建築物や人工物のイメージが利用された。例えば，tower, pyramid, bridge のような建築物は最初に全体像を示すときに，また，pole, flag, chair のような人工物

---

[9] ブロックの凹凸は the red piece is sticking out（とび出る），it's hanging over each side（はみ出る）のように，なだらかな平面を標準状態としてそこからの変形の結果として表された（国広（1985））。

はブロックを組み立てる途中の段階で，部分的な構造を表すときに効果的に
用いられた。

英語話者の視覚イメージ		
a.	文字	例．C, T, U, V, Z
b.	地形	例．gap, hole, nub, wall, step, zigzag
c.	建築物	例．tower, pyramid, bridge, tunnel, stair
d.	人工物	例．flag, pole, chair, boat, ship, train
e.	その他	例．mushroom, sandwich, teeter-totter

表1：英語話者のイメージ・メタファー

　さらに，このとき動詞と名詞を組み合わせた運動イメージとしてこれらの
比喩を用いる場合も多くみられた。例えば，like *making* a central tower は
中央にタワーをつくる動きを，a mushroom sort of *growing* はキノコが盛
り上がっていく様子を，また，there's like a pole *going up* はボールが上に
伸びていく様子を描写している。

　実際の使用場面としては，This time, we are going to make *a pyramid.*，
This is going to look like *a castle wall.* のように全体像を示したり，So
now you have a kind of *strange L shape*, So the green one's hanging
over like *a stair.* のように，途中の段階で現状を相互に確認するときに用い
られた。

　また，*a kind of* strange L shape, that looks like a chair *almost*, okay?，
Like a funny window *or something* のように，あくまで近似的な表現であ
ることを示すヘッジ表現が用いられたり，like an *opposite* L, a kind of
double T, like *two* mushrooms のように方向や数量の表現を加えて正確さ
を高めることも行われた。

　以下は，イメージ・メタファーが創造的に用いられている興味深い事例で
ある。教示者は，赤いブロックが黄色のブロックにはさまっている様子を
like a sandwich で伝え，さらに，それが突き出ていることを like a tongue
sticking out というイメージでユーモラスに伝えており，このあと作業者は

笑いでこのイメージを受容している。[10]

(1)　NES-NES 04 Workspace Hidden Trial 5

01　D:　And the window side of the yellow one holes are covered

02　　　by the red like a sandwich, the red is like a sandwich（B:

03　　　yes）between,（B: yes）like a ↑tongue, sticking out […]

04　B:　hhh

4.2.　日本語話者の視覚イメージ

　日本語話者のイメージ・メタファーの使用頻度は全体的に低かった。以下は，「みたい」「かたち」「的」「ぽい」「ような」「感じ」などの直喩を表す表現をもとに抽出したメタファーである。日本語話者は，カタカナ，建築物，人工物などのイメージを用いて，レゴ・ブロックの形状と構造を描写していた（表2）。

　日本語の場合もイメージ・メタファーとして利用されるのはシンプルな形状のものが多い。ただ，英語のアルファベットのような単純な幾何学図形は少なく，今回用いられた文字もカタカナの「コ（の字）」ひとつであった。これは，日本語の文字がイメージ・メタファーのリソースとなり得ていないことを示唆するものといえる。

　また，日本語話者も，レゴ・ブロックの構造を描写するのに，地形，建築物，身体部位などを駆使して表現していた。例えば，ブロックの凹凸を表すのに「穴」「段」「くぼみ」といった地形の表現を用いたり，空間的な位置を表すのに「頂上」「土台」「お尻」といった比喩的に場所を表す表現を用いていた。

---

[10]　英米圏でのみ流通する事物を用いた文化固有語も利用された。例えば，おもちゃのワニ型車を用いた比喩として，It's like some sort of *Crocodile Chompers.* という発話があった。

日本語話者の視覚イメージ	
a. 文字	例. コ (の字)
b. 地形	例. 穴, 段, くぼみ, 頂上, ジグザグ
c. 建築物	例. 橋, 階段, 上白
d. 人工物	例. フランスの国旗, トーテムポール
e. 身体部位	例. お尻, いぼ, (両) 脇

表2：日本語話者のイメージ・メタファー

　さらに，このとき動詞と名詞を組み合わせた運動イメージも積極的に使用された。英語話者と同様，日本語話者も，「長い棒があるみたいな」「頂上に来るような感じ」「ジグザグな感じでのぼってくみたいな」というように，動きのイメージを用いてダイナミックにブロックの形状や状態を伝えていた。[11]

　実際の使用場面としては，「黄色と青の細長いブロックを一直線になるように土台として置いてください。」のように全体の構図を指示する場面や，「だんだんトーテムポール的なかたちになっていく」「なんとなく橋っぽいかたちになる」のように，ブロックの状態を微調整するときに効果的に利用された。

　さらに，イメージ・メタファーは，相互行為における修復連鎖において特徴的に用いられた。次の例は，作業者から「縦」という意味が不明であるという問題が提示されたあと，教示者が「フランスの国旗みたいに」という比喩を通してイメージを提供することで修復を試み，作業者が承諾しているという場面である。

　(2)　NJS-NJS 02 Workspace Hidden Trial 1
01　B:　縦っていうのは
02　D:　はい =
03　B:　= ブロック1つ1つの [　縦ってこと？　]

---

[11] 日本語話者もブロックの凹凸を，「左側に三つとび出るように」「緑のやつが半分はみ出てる」「黄色の出っぱってる部分」というように逸脱状態として痕跡的に表現する傾向がみられた（国広 (1985)）。

04　D:　　　　　　　　　　　　　　[↑あ：：ごめんね]

05　B:　hh [h

06　D:　　　[えっと (1) あのフランスとかの国旗みたいに (2)

07　B:　°じゃ°横向いてるのが縦に，3つってことですか？

　また，次の例は教示者が指示を確認する場面である。まず，作業者が「安定した」という表現を用いて目の前の状態を描写しているが，教示者はその表現の受容を躊躇していることを，談話標識「というか」（若松・細田 (2003)）によって示し，新たに「なんか橋っぽい」というイメージ・メタファーを提供している。[12]

(3)　NJS-NJS 03 Workspace Hidden Trial 8

01　D:　黄色の，2個分を，平行に置いてください

02　B:　°黄色の2個分？°　はい

03　D:　はい え：っと んで 置くとなんとなく >なんか<

04　B:　[安定した]

05　D:　[まあ　　] 安定したというか

06　B:　.hhh

07　D:　なんか橋っぽい

08　B:　あ：うん　　hhh

5.　相互行為分析

　最後に，相互行為の流れのなかで比喩表現がどのように効果的に用いられているかを考察する。ここでは，参与者がトラブルを知覚し，その修復の過程でイメージ・メタファーをもとにした直喩表現を効果的に用いているプロセスを記述する。（☞ コラム参照）

---

[12] イメージ・メタファーは相互行為において共通理解を図るプロセスで使用されることが多く，「え，階段みたいな感じ？」のように，作業者の方から理解を確認する場面も多く観察された。

以下は，今回抽出された典型的な情報の流れである（表3）。[13]

Type 1	1st turn	D: explain
	2nd turn	B: check with FE
	3rd turn	D: confirmation
Type 2	1st turn	D: explain with FE
	2nd turn	B: check
	3rd turn	D: confirmation
Type 3	1st turn	D: explain with FE
	2nd turn	B: check with FE
	3rd turn	D: acknowledgement

表3：比喩表現を用いた代表的な情報の流れ[14]

　まず，以下の（4）（5）では，教示者の説明を理解する過程で作業者が問題に気づき，比喩表現を使って自身の理解をチェックするため質問をしている。この比喩表現の使用は，教示が理解できるよう組み立てられており，このことは教示者による yep または yeh と言った応答から理解することができる。

（4）　NES-NES 01 Workspace Hidden Trial 4

緑　黄　緑

01　D:　And so that it joins out the green and the

→ 02　　　　yellow. ← **explanation**

→ 03　B:　And it looks *like an L*? ← **check**

04　D:　Yep. And then you take a little red one and

→ 05　　　　make it no longer *an L*. ← **confirmation**

06　B:　Okay. hhh

---

[13] 相互行為分析のタグ表記は，Carletta et al.（1997）を参考にした。

[14] FE: figurative expression（比喩表現）。

(5)　NES-NES 02 Workspace Hidden Trial 5

01　D:　yellow gap each side of it

→ 02　B:　Basically making *a pyramid* almost. ← **check**

→ 03　D:　Yeh ← **confirmation**

04　B:　Got it.

　次に，(6) は，教示者が問題の原因となった比喩を示している箇所である。このトラブルの発生は 4 行目にあらわれており，直後に修復が開始される。これらの例は，比喩表現が写真のブロックがどのように見えるかについてある程度のアイデアを与えているが，正確なイメージを提供していないことを示している。

(6)　NJS 4 Workspace Hidden Trial 9

01　D:　うん，(.) 対称：：：になる。=

02　B:　=はい

→ 03　D:　ジグザグ：：な感じで。= ← **explanation**

→ 04　B:　=え？.h = ← **check**

→ 05　D:　=ジグザグな感じでのぼってくみたいな。= ← **explanation**

06　B:　=赤の上に乗せるってこと：？=

07　D:　=うん，＜赤の上に乗せる：：＞んだけど (.)

08　　　赤の [(0.2) う] えに乗せて [：],

09　B:　　　 [うん]　　　　　　　 [黄] 色を：？=

10　D:　=うん，黄色 [乗せ] たら：=

11　B:　　　　　　 [あ：]　　　=うん　うん　あ：＞わか

12　　　ったわかった ＜, (.) =

13　　　=緑とおんなじ位置にってこと？　あ：＞わかったわかっ

14　　　た ＜, (.) はい =

　(7) では，教示者が 1 人で発話を完了するのではなく，作業者と協力して共同で談話を完成させていく「共話（水谷（1993））」を用いている。2 行目と 3 行目に注目すると，教示者と作業者の両者が同じようなイメージに到

達していることがわかる。このようにメタファーを利用することで相互理解
が促進されるのである。

   (7)   NES-NES 02 Workspace Hidden Trial 5

→ 01 D: Okay, ehm to start it's a long red, a long blue and a long yel-
          low all ehm side-by-side like as if it's making a::

→ 02 B: *A flag* ← **check**

→ 03 D: *A flag*, yeah. Of a country that doesn't exist
          hhh ← **acknowledgement**

                          赤　青　黄

04 B: Yeah ss hhhhhh

05 D: So it goes, it goes ehm red, blue, yellow from left to right

06 B: Got it

6.　まとめと展望

　本研究では，課題達成対話における指示と描写の表現に注目し，実験参加
者がこれらの表現を通してどのようにして相互理解を図っているかを考察し
た。また，日英語の話者が利用する文化的リソースにはどのような違いがあ
り，それによって聞き手に合わせたデザインがどのように創意工夫されてい
るかを考察した。

　まず，ブロックを指示する場面で用いられる表現を分析した。ブロックの
指示においては，談話的に蓄積されたリソースを柔軟に用いることで共同注
意が達成されること，また，そのさい，参与者は代用表現や省略表現を用い
ながら，聞き手に合わせて指示の表現をデザインし，談話を効率的に組み立
てていることを指摘した。

　次に，参与者がイメージ・メタファーを工夫し，ブロックの状態を描写す
る様子を記述した。結果は日英語の話者で使用頻度の違いはみられるが，使
用されるイメージは，文字，地形，建築物，人工物，身体部位など，シンプ
ルな形状のものが多く，それらを巧みに組み合わせることで即興的にイメー
ジが構成されていた（☞ APPENDIX 参照）。

　さらに，こうした比喩表現が相互行為においてどのような情報の流れを生み出しているかを分析した。比喩表現を用いた発話は，教示者による説明，作業者による確認，また，教示者と作業者の双方による確証という 3 つのパタンで構成されており，基盤化を実現する装置として機能していることがわかった。

　最後に，本研究の意義を考えてみたい。これまでの認知言語学の研究では，ことばを文脈から切り離し，その背後で働く概念構造に注目した研究が多かった。これに対して，本研究では，相互行為において会話参与者が聞き手に合わせて表現を駆使するなかで，イメージがリソースとして利用される様子を記述した。

　そこから見えてくるのは，言語とはまさに器用仕事であり，相互理解を求めて創意工夫する人々の営みであるということである。話しことばは断片的で冗長であいまいである。しかし同時に，創造的でもある。私たちはこうしたコミュニケーションの特徴を認めるとき，そこから新しい人間像も立ち上がってくるのではないだろうか。[15]

---

　[15]　こうした見解は，構造主義の潮流を生み出したレヴィ・ストロースの野生の思考（Lévi-Strauss（1962））や，後期ウィトゲンシュタインの言語ゲーム（Wittgenstein（1953））にもその萌芽がみえる。

APPENDIX　イメージ・メタファーの使用頻度

　第一に，英語話者同士のペア，日本語話者同士のペア，英語話者と英語学習者のペアが比喩を使用する頻度を調べた（図1）。最も高頻度で使用したのは英語話者と英語学習者のペアであり，これは相互理解がスムーズにいかない場面が他のペアに比べて高頻度で発生し，修復の過程で比喩を用いる機会が多くなるためと考えらえる。

　また，全般的にみて英語話者のほうが日本語話者よりも使用頻度が高くなっている。この違いは英語のほうが日本語よりも利用可能な文化的リソースが大きいことを反映していると考えられる。しかし一方で，そもそも日本語話者は物事を分析的に捉えるのが不得手であるという認知スタイルが影響している可能性もある。[16]

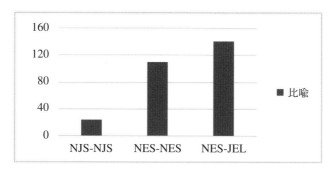

図1：各ペアによる使用頻度

　第二に，作業場面が見える条件（衝立なし）と見えない条件（衝立あり）における比喩表現の頻度を調べた（図2）。英語話者と日本語話者を問わず，衝立あり条件のほうが衝立あり条件よりも比喩表現の使用が多くなる。これは，衝立なし条件では相互理解を確認する頻度が多くなるためといえる（Clark and Krych (2004)）。

---

[16] このことは全体像をとらえる傾向の強い場依存と，部分を分析的にとらえる傾向の強い場独立という認知スタイルの違いを反映している可能性もある（Witkin, Moore, Goodenough and Cox (1977)）。

　また，衝立なし条件をみると，日本語話者同士と英語話者と英語学習者ペアでは，比喩表現がほとんど出現していないのに対して，英語話者同士では，衝立なし条件においても比喩の使用が見られる。これは，英語話者同士の場合，ブロックを組み立てるさい，その場で比喩的に名前を決めてから作業を進める傾向があるためと考えられる。

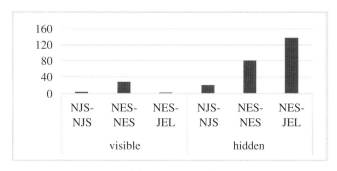

図2：衝立なし条件と衝立あり条件の使用頻度

　第三に，相互理解を達成するために，教示者と作業者のどちらが比喩表現を使用したかを調べた（図3）。教示者と作業者を比較すると，基本的には教示者が作業者より使用数が多くなっている。これは作業者の方から修復を要求し，教示者が比喩を用いて修復を行うというパタンが多いためと考えられる。

　また，教示者だけでなく，作業者も比喩を用いていることがわかる。これは作業者も教示者に積極的に働きかけることで協力的に課題達成に参加していることを意味する。そうした傾向が最も顕著なのが英語話者と英語学習者の組み合わせであり，言語能力の異なる話者間では相互の協力が欠かせないことがみてとれる。

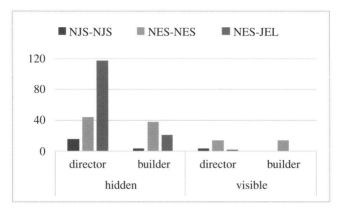

図 3：教示者と作業者における使用頻度

参考文献

Cameron, Lynne (2010) "The Discourse Dynamics Framework for Metaphor," *Metaphor Analysis: Research Practice in Applied Linguistics, Social Sciences and the Humanities*, ed. by Lynne Cameron and Robert Maslen, 77-94, Equinox, London.

Clark, Herbert H. (1996) *Using Language*, Cambridge University Press, Cambridge/New York.

Clark, Herbert H. and Meredyth A. Krych (2004) "Speaking While Monitoring Addressees for Understanding," *Journal of Memory and Language* 50(1), 62-81.

Carletta, Jean, Amy Isard, Stephen Isard, Jacqueline C. Kowtko, Gwyneth Doherty-Sneddon and Anne H. Anderson (1997) "The Reliability of a Dialogue Structure Coding Scheme," *Computational Linguistics* 23(1), 13-31.

Enfield, Nick J. and Tanya Stivers, eds. (2007) *Person Reference in Interaction: Linguistic, Cultural, and Social Perspectives*, Cambridge University Press, Cambridge/New York.

Enfield, Nick J. (2013) "Reference in Conversation," *The Handbook of Conversation Analysis*, ed. by John Sidnell and Tanya Stivers, 433-454, Wiley-Blackwell, Oxford.

Ferrando, Ignasi Navarro i, ed. (2019) *Current Approaches to Metaphor Analysis in Discourse*, Mouton de Gruyter, Berlin/New York.

Forceville, Charles J. and Eduardo Urios-Aparisi, eds. (2009) *Multimodal Meta-*

phor, Mouton de Gruyter, Berlin/New York.

Gergle, Darren, Robert, E. Kraut and Susan R. Fussell (2004) "Action as Language in a Shared Visual Space," *Proceedings of the 2004 ACM Conference on Computer Supported Cooperative Work*, 487-496.

Holland, Dorothy and Naomi Quinn, eds. (1987) *Cultural Models in Language and Thought*, Cambridge University Press, Cambridge/New York.

城綾実 (2018)「相互行為における身体・物質・環境」『会話分析の広がり』，平本毅・横森大輔・増田将伸・戸江哲理・城 綾実（編），97-126，ひつじ書房，東京.

国広哲弥 (1985)「認知と言語表現」『言語研究』88, 1-19.

Lakoff, George and Mark Johnson (1980) *Metaphors We Live by*, University of Chicago Press, Chicago.［渡部昇一・楠瀬淳三・下谷和幸（訳）(1986)『レトリックと人生』大修館書店，東京.］

Lakoff, George and Mark Turner (1989) *More Than Cool Reason: A Field Guide to Poetic Metaphor*, University of Chicago Press, Chicago.［大堀俊夫（訳）(1994)『詩と認知』紀伊國屋書店，東京.］

Levinson, Stephen C. (2003) *Space in Language and Cognition: Explorations in Cognitive Diversity*, Cambridge University Press, Cambridge/New York.

Lévi-Strauss, Claude (1962) *La Pensée Savage*, Librairie Plon, Paris.［大橋保夫（訳）(1976)『野生の思考』みすず書房，東京.］

水谷信子 (1993)「「共話」から「対話」へ」『日本語学』12(4), 4-10.

鍋島弘治朗 (2011)『日本語のメタファー』くろしお出版，東京.

Schegloff, Emanuel A. (2007) "Categories in Action: Person-Reference and Membership Categorization," *Discourse Studies* 9(4), 433-461.

Suchman, Lucy (1987) *Plans and Situated Actions: The Problem of Human-machine Communication*, Cambridge University Press, Cambridge/New York.［佐伯胖（監訳）(1999)『プランと状況的行為──人間−機械コミュニケーションの可能性』産業図書，東京.］

須賀あゆみ (2018)『相互行為における指示表現』ひつじ書房，東京.

Tanimura, Midori, Koichiro Nakamoto and Etsuko Yoshida (2020) "How People Understand Each Other in Interaction Using Figurative Language: Comparing Japanese and English Task-based Dialogues," *JELS* (*The English Linguistic Society of Japan*) 37, 243-249.

Tenbrink, Thora (2020) *Cognitive Discourse Analysis*, Cambridge University Press, Cambridge/New York.

Tomasello, Michael (1999) *The Cultural Origins of Human Cognition*, Harvard University Press, Cambridge, MA.［大堀壽夫・中澤恒子・西村義樹・本多啓（訳）(2006)『心とことばの起源を探る』勁草書房，東京.］

Tyler, Andrea, Yiyoung Kim and Mari Takada, eds. (2008) *Language in the Context of Use: Discourse and Cognitive Approaches to Language*, Mouton de Gruyter, Berlin/New York.

若松美記子・細田由利 (2003)「相互行為・文法・予測可能性――「ていうか」の分析を例にして」『語用論研究』5, 31-43.

Wittgenstein, Ludwig (1953) *Philosophische Untersuchungen*. Basil Blackwell, London.［藤本隆志（訳）(1976)『哲学探究』大修館書店，東京.］

Witkin, Herman A., Carol A. Moore, Donald R. Goodenough and Patricia W. Cox (1977) "Field-dependent and Field-independent Cognitive Styles and Their Educational Implications," *Review of Educational Research* 47, 1-64.

Yoshida, Etsuko (2011) *Referring Expressions in English and Japanese: Patterns of Use in Dialogue Processing*, John Benjamins, Amsterdam.

付録

文字化は，ScheRloff の transcription module を参考にした。

::	：声の引き延ばし	hhh ：笑い	（数）	：沈黙の秒数
↑	：上昇音調	wOrd：強調	-	：言いさし
< >	：周りより発話速度が遅い		[ ]	：発話の重なり
> <	：周りより発話速度が速い		° °	：周りより声が小さい
=	：前後の発話がつながっている		,	：直前部分の継続
.	：直前部分が下降調の抑揚			

レトリック再考——直喩と隠喩

仲本康一郎（山梨大学）

　西洋の人文学の伝統では，長い間，比喩とは，詩，物語，戯曲，演説など
を彩る修辞的な表現技法とみなされてきた。これに対して，認知言語学で
は，メタファーとは，日常言語に遍在するものであり，言語を成り立たせる
ための基本的な概念基盤となっていると主張されてきた（Lakoff and John-
son (1980)）。

　認知言語学では，《人生は旅である》に代表される重要な概念メタファー
が次々に提案されていったが，一方で，倒置，省略，反復，誇張，反語と
いった伝統的な修辞技法は言語研究においては以前の地位を失っていったよ
うに思う。このことはメタファー研究の隆盛のもとで背景化された直喩につ
いてもいえる。

　直喩（simile）とは，"similes express a comparison between two distinct
things through the use of expressions like *like* or *as*"（Murphy and Koske-
la (2010: 154)）と指摘されるように，like または as（日本語の場合，「よ
うだ」「みたいだ」）という標識を用いて，二つの異なるものを比較する表現
をいう。

　一方，隠喩（metaphor）は，"metaphor […] can be viewed as figurative-
ly representing the two things as equivalent"（Murphy and Koskela (2010:
154)）とされ，二つの事物を等価なものとして表わす比喩とされる。隠喩で
は，直喩のような標識は用いられず，表面的には比喩であることは隠されて
いる。

　具体的にいえば，He is like a fox. という場合が直喩であり，He is a
fox. という場合が隠喩ということになる。いずれの場合も，He という語で
指示される人物（趣意：tenor）が fox（狐）という動物（媒体：vehicle）に
たとえられ，それによって clever（根拠：ground）という虚構的な性格の類
似性が伝達される。

　直喩と隠喩については，さらに以下のような指摘もある。

　第一に，直喩には，固有の言語指標が用いられる。日本語学者の中村

(1980) は,「ようだ」「みたいだ」の他にも,「似た」「そっくりの」「風の」「顔負けの」「に近い」「同然」といった興味深い指標を多くあげているが,こうした指標の選択には比喩の概念的な理解が関わっている可能性がある。

　第二に,直喩では比較の対象となる 2 つのものは「類似」というレベルで結びついているのに対して,隠喩ではそれらは「等価」なものとみなされている(佐藤(1978))。例えば,He is like a fox. という直喩と He is a fox. という隠喩を比べた場合,前者では人間と動物の境界は保持されているが,後者ではその境界が取り払われている。

　第三に,隠喩では fox という動物の持つ文化的意味はすでに成立しており,そのことを前提として二つのものが結びつけられているが,直喩の場合,こうした関係が新たな「発見的認識」となる。これは「蟻が蝶の羽根を引いていく　ああ　ヨットのようだ」(「土」,三好達治)という詩ひとつからもうなずける(山梨(1988))。

　以上,直喩と隠喩の違いをみてきたが,こうした修辞技法については,認知言語学や相互行為の言語学から再考すべき余地が多く残されている。例えば,直喩と隠喩に関して捉え方の違いはどこにあるのか,さらに,本論でみたようにこれらが相互行為においてどのような機能を持つのかなど,解決すべき課題は多い。

参考文献

Lakoff, George and Mark Johnson (1980) *Metaphors We Live By*, University of Chicago Press, Chicago.〔渡部昇一・楠瀬淳三・下谷和幸(訳)(1986)『レトリックと人生』大修館書店,東京.〕

Murphy, M. Lynne and Anu Koskela (2010) *Key Terms in Semantics*, Continuum International Publishing Group, London.

中村明(1980)『比喩表現の理論と分類』集英出版,東京.

佐藤信夫(1978)『レトリック感覚――ことばは新しい視点をひらく』講談社,東京.

山梨正明(1988)『比喩と理解』東京大学出版会,東京.

第 9 章

課題達成対話からみる日英語の談話スタイル
—認知から活動へ—*

仲本康一郎・谷村　緑

山梨大学・立命館大学

1.　はじめに

　認知言語学では，言語を外界を認識する装置とみなすが，相互行為の言語学では，言語とは相互行為のやりとりそのものである。課題達成対話の創案者である Clark（1996）は，言語コミュニケーションとは，本来的に相互行為として実現するものであり，言語を私たちが日々の生活で実践する共同活動に付随するものと位置づけた。

　共同活動とは，複数のエージェントが共同で行う活動であり，数名でタンスを二階へ運ぶといった作業をさすが，このとき私たちは言語コミュニケーションを通して相互の活動調整を行う。本課題では，教示者自身は実質的活動には関わらないが，相互行為を通して作業者に指示を与えることでこうした共同活動に関与している。

　このような共同活動において必要となるのが，相互信念の形成 – 基盤化である。基盤化とは，相互行為のなかで活動を遂行するための相互信念を構築する試みであり，具体的な活動のプロセスにおいて，ノンヴァーヴァルな注意喚起や言語コミュニケーションを通して構築され，更新されていく（石崎・伝（2011））。

　本研究では，共同注意の形成，作業内容の伝達，目標状態の共有という 3

---

　† 本研究は，谷村・仲本・吉田（2018）の論考をもとに加筆，修正を施したものである。

つの局面で談話が構造化されることに着目し，発話者が聞き手に合わせて発
話をデザインするプロセスを考察する。具体的には，基盤化のプロセス，会
話の主導権，認知的スタンスなどの点で日英語の話者が異なる談話スタイル
を用いることを指摘する。

　第一に，日英語の話者では基盤化プロセスが異なる。英語話者は，指示談
話において作業を指示することを優先するのに対して，日本語話者は目標を
共有することを重視する。これは，英語話者は，指示を与えることで課題を
達成しようとするのに対して，日本語話者は目標を共有することで課題を達
成しようとすることを意味する。

　第二に，日英語の話者では会話の主導権 – フロア管理（Hayashi（1996））
に関する扱いが異なる。英語の談話では，教示者が主導権を持ち続けるのに
対し，日本語談話では，教示者と作業者は対等な関係に立つ傾向が強い。こ
のことは，英語話者と日本語話者の間で課題達成における責任の持ち方が異
なることを意味する。[1]

　第三に，日英語の話者はどちらも認識的スタンス（Heritage（2013））に
配慮し，聞き手に合わせて会話をデザインする。本研究では，相手の立場に
配慮した表現を用いたり，あいづちや感情的応答によって積極的に共感を生
み出したり，「共話」的な発話によってトラブルを修復したりといった認識
的調整が図られることを指摘する。

　以下，日英語の談話スタイルの違いを具体的にみていこう。

2.　日英語の談話構成

2.1.　英語の談話構成

　英語の談話構成では，《作業内容》が《目標状態》に先行する。これは，英
語話者は，作業者に指示を与えることを優先し，作業がもたらす目標状態は
後回しにすることを意味する。ここから，英語の指示談話の構成は，共同注

---

[1] 制度的な会話では，医者と患者，教師と学習者，相談者と助言者のように認識的地位が
明確であるが，本課題のような場合，相互の認識的スタンスはあいまいになる。

意の形成→作業内容の指示→目標状態の確認という段階を踏むことになる。次の例をみてみよう。

(1)　NES-NES 01 Workspace Hidden Trial 5
　　　[共同注意 you take a big blue brick↑, a:nd a big green brick.] A:nd
　　　[作業内容 you put them >beside each other<↓] so that [目標状態 it's like a long straight line.]

　教示者は，具体的な作業を指示するまえに，you take a big blue brick, and a big green brick. といって，作業者の注意を目標物に誘導する。このように，英語の場合，目標物に注意を向けるとき，実質的な指示を行うまえに，you take《目標物》というもうひとつの指示文を用いて共同注意を成立させる。

　次に，教示者は，you put them beside each other と述べ，作業者に具体的な作業内容を示す。また，このとき教示者は位置情報を正確に指示したほうがよいと感じると，it's a *perfect fit*., *completely* cover, covers their *entire* red one といった副詞的表現を用いて，作業が正確に行われるよう調整を図る。

　最後に，*so that* it's like a long straight line. というように目標状態を具体的に伝える。英語の場合，作業内容と目標状態を結ぶ接続表現として，so that 節が広く利用されるが，so that 節は目的節というよりも，むしろ作業がもたらす結果状態を付加的に述べるために利用されていると考えたほうが自然であろう。

　英語の目的節には，他にも in order to（目的），because（理由），in case（回避）などのバリエーションがあるが，こうした表現は so that よりも明示的に目的や理由を表し，そのため使用上の制約も強いため，今回の談話ではより広範囲に利用される so that が選択されたと考えられる（Verstraete (2008)）。

2.2.　日本語の談話構成
　次に，日本語の談話構成では，《目標状態》が《作業内容》に先行する。つ

まり，日本語話者は，目標を共有することを優先し，そのための具体的な指
示は後回しにする傾向がある。ここから，日本語の指示談話は，共同注意の
形成→目標状態の共有→作業内容の指示という段階を踏むことになる。次の
例をみてみよう。

(2)　　NJS-NJS 03 Workspace Hidden 3 Trial 1

01　D:　[…] 今度は [共同注意 緑色のブロック] を

02　B:　°うん。°(1)

03　D:　うん。えーま，[目標状態 大きなあの>長方形（を）つくる

04　　　　ようなかたちで<] [作業内容 >おんなじ向きで，<

05　B:　°うん。°

06　D:　囲んでください]。

　はじめに，教示者は作業者に指示を出すとき，「緑のブロックを」で，作
業者の注意を目標物に指し向ける。日本語では，動詞のまえに目的語が置か
れるため，目標物を特定化する同じ文で指示を行うことができる。これは，
英語の場合，指示文とは別に you take《目標物》の形式を用いるのと大きく
異なる。

　次に，「大きな長方形を作るかたちで」と目標状態を共有する。日本語で
は，作業内容と目標状態を結ぶ接続表現として，「ように」が高頻度で用い
られる。他にも，「黄色がはみ出てる感じ」「そこをふさぐかたち」のような
形式名詞を用いたり，「はみ出さんように」「端っこが見えやんように」とい
うように注意を喚起することもある。

　最後に「（緑のブロックを）おんなじ向きで囲んでください」という指示を
与える。また，このとき教示者は位置情報を正確に指示するべく，「そこに
ぴったり重なるように」「端がきっちりそろってる感じ？」「ちょうどおさま
るスペースが」「乗せるんだけどきれいに乗せて」などの副詞的表現によっ
て調整を行う。

(3)　NJS-NJS 03 Workspace Hidden Trial 3

01　D:　えっと，じゃあ1番下に，
02　B:　うん。
03　D:　え，黄色の1つ分のボッチ [置いて =
04　B:　　　　　　　　　　　　　　　[うん　 = はい。
05　D:　はい，で，そのそこに > ちょうどぴったり重なるように <
06　B:　うん。
07　D:　え，青の1つ分を重ねてください。

3.　日英語話者のフロア管理

3.1.　英語話者のフロア管理

　第2に，英語の談話では，教示者は作業者に対してフロアを維持する傾向が強い。英語の談話では，教示者は作業者に対して課題達成における主導権を持つ。ここから，1）教示者は作業を実施する管理者となる，2）教示者は作業進行における決定権を持つ，3）教示者は積極的にリスク回避に努めるといった行動が導かれる。

　なお，こうした会話の主導権に関して，日本の大学で長く英語教育に携わってきたハインズは，アメリカ人と日本人ではコミュニケーションに関する意識の違いがあり，アメリカ人は話し手の説明責任を重視するのに対して，日本人はむしろ聞き手の理解責任を重視すると指摘している（Hinds (1987)）。[2]

　具体的な事例をみていこう。まず，教示者が作業を実施する主体となる。例えば，英語談話では，ひとつの作業フェーズを終了するごとに接続詞 (and) then を用いて，継続する作業内容を次々と与え，新しい局面を成立させていく。なお，こうした指示の方略は，とりわけ次のような衝立あり条

---

[2] 英語教師と英語学習者のペアが作業を終える間際，学習者が英語教師をさして I'm going to call the director. というと，英語教師が I'm the director; you are the student. と冗談交じりに応じる場面があった。

件で頻出する。

(4)　NES-NES 01 Workspace Hidden Trial 3
And on top of that you put a big yellow one↑, so that >there's<
two squares sticking out either end↑. (1) *Then* in the middle of
that you put a lIttle red one (1) *Then* you take a big green one
a:nd […]

　次に，教示者は作業進行における決定権を持つ。例えば，作業に問題が生じそうなとき，教示者は And then *you take* a little blue brick and *you put* it on the end on the green brick. のように，作業をブロックの選択と設置の2つに「分割」することで，作業者にかかる認知的負荷を下げるといった工夫を行う。

　最後に，教示者はタスクの遂行と同時に，積極的にリスクの回避に努める。例えば，作業者が作業に失敗しそうなとき，教示者は作業者に対して，And you put them in a line, *but you don't* put them beside each other. You leave a gap between them. というように，作業を指示すると同時に警告を発する。

3.2.　日本語話者のフロア管理

　一方，日本語の談話では，相互行為において教示者はフロアを譲渡する傾向が強い。つまり教示者は課題達成において主導権を堅持しようとせず，ここから，1) 教示者と作業者は共同で作業を実施する，2) 作業者は教示者を積極的に援助する，3) 作業者は教示者の意図理解に努めるといった行動が導かれていく。

　まず教示者と作業者は共同で作業を実施する。このことは，教示者と作業者が共同で文構築に関わる「共話」（水谷（1993））に典型的にみられる。共話とは，相手の発話が完成しないうちに，相手の発話の続きを完成させる発話を行うことをさすが，このとき会話の主導権は両者の間であいまいになる。

　例えば，次の文では，教示者の指示が作業者にうまく伝わらず，相互理解

が成立しないことを多少もどかしく感じている教示者が,「だから, 右と左が,」と焦燥感を込めていうと (Maynard (1989)), 作業者が「あ, 1 列ずつ残る状態。」と他者修復を行うことで, 共語を用いて協調的に課題を達成している。[3]

(5)　NJS-NJS 02 Workspace Hidden Trial 3

01　D:　真ん中 (1) ゜何゜, その黄色いやつは,

02　B:　うん, 半分しかー

03　D:　半分やねんけど, 真ん中の半分, 真ん中の 4 つを使う。

04　B:　[あ, はい。

05　D:　[だから, 右と左が,

06　B:　あ, 一個 1 列ずつ残ってる [状態

07　D:　　　　　　　　　　　　　　[そうそうそうそうそう

　　次に, 作業者は教示者を積極的に援助する。以下の談話では, まず, 作業者が「ええっ?」と疑問を呈し教示者に発話の修復を求めている。教示者は,「えっと, なんて言うの?」と探索を開始し, 言い換えを試みる。すると, 作業者は次々に「… て (という) こと?」とお節介な「助け舟」(串田 (1999)) を出していくのである (津田 (2015))。[4]

(6)　NJS-NJS 03 Workspace Hidden Trial 5

01　D:　平行に青の 2 つ分を置いてください。同じ高さで,

02　B:　ええっ? .hhh

03　D:　えっと, [なんて言うの?あの, 長い棒になる感じ。hhh=

04　B:　　　　　[.hhh

05　D:　=.hhh え, 重ねやん (重ねない) ってこと?

06　B:　おんなじ高さ

---

[3] このとき教示者は作業者の提案を積極的に受理したことを, 応答詞の反復によって示している。

[4]「ように」「かたちで」「感じ」などの接続語は, どれも明示的な目的節となっていない。ここにも, 教示者と作業者が共同で探索的に目標へと向かう姿勢があらわれている。

07　D:　おんなじ高さで並べるってこと？

08　B:　うん。並べる

09　D:　あ：わかったわかった。

　最後に，作業者は教示者の意図理解に努める。このことは，日本語が「明日の遠足には遅れないように。」のよう言いさし文（白川（2009））を多用することにもあらわれている。本課題でも，次のように言いさし文によって目標状態が共有されたあと，指示文は文法上の体裁を整えるためだけに添えられることが多くみられた。

　(7)　NJS-NJS 4 Workspace Hidden Trial 8

01　D:　まず，青の短いブロックを，

02　B:　うん。

03　D:　黄色の真ん中に，

04　B:　うん。

05　D:　黄色の両端が見えるよう [に，

06　B:　　　　　　　　　　　　[うん。

07　D:　置いてもらっ [て。(1)

08　B:　　　　　　　[うん。

09　D:　で，その上に

4.　日英語の認識的スタンス

4.1.　英語の認識的スタンス

　第3に，英語話者は相互の認識的スタンスに配慮し，表現方法を工夫することで，聞き手に合わせて会話をデザインする（早野（2018））。具体的には，1）教示者は作業の指示を作業者の意図として表現する，2）知覚者の見えによって注意を方向づける，3）確認作業を通して基盤化に努める，といった様々な会話調整を行っていた。

　まず，教示者は，作業者の立場に立ち，作業の指示を相手の意図として表現する。具体的には，*you gonna* take a long yellow piece, *You want to* move the blue block over, *I want you to* cover that part with a long yellow one left to right. のように，作業者の行動を自然にうながす表現が用いられる。

(8)　NES-JEL 01 Workspace Visible Trial 7
　　　And *I want you to* >put it< on top of the yellow one and the red one, bUt, >so that< one hAlf of the yellOw is sticking out.

　次に，教示者は，作業者からの見えを利用する表現を用いて，聞き手の理解をうながしていた。例えば，(9) のような *you have*（所有動詞），(10)のような *You can see*（知覚動詞）といった表現を用い，客観的な表現よりもむしろ作業者からの見えを積極的に利用することで聞き手に合わせた表現を選択していた。

(9)　NES-JEL 01 Workspace Hidden Face-to-Face Trial 3
　　　>So that< now *you have* one fourth <of> each side has nothing underneath it.
(10)　NES-JEL 01 Hidden No-face-to face Trial 1
　　01　D:　[…]put it on tOp of the red piece and the blue piece=
　　02　B:　=okay
　　03　D:　so that (1) *you now see* twO er red hole

　また，英語話者は進行形のアスペクトを用いて共同注意を成立させていた（本多（2003））。これは，進行形の意味を「観察可能な未完了な状態」と規定する田中・佐藤・阿部（2006）の指摘とも一致する。教示者と作業者は，こうした共通経験を通して，その場の相互信念を形成するのに進行形を用いていると考えられる。

(11)　NES-NES 03 Workspace Hidden Trail 5
　　01　D:　on the very end of the blue, put on a four piece red (1)
　　02　B:　ok[ay
　　03　D:　　　[so that *it's lining up* properly

04　B:　There's a space in between?

05　D:　Yep.

　最後に，教示者は確認作業を通して基盤化に努める。例えば，次の例で
は，作業フェーズを終えたところで，教示者は作業者と作業後の状態を相互
に確認している。このとき特徴的な表現として，認識のモダリティ *should*
が用いられるが，これは日本語でいう「これで〜はずだ。」という合図句に
あたる。

(12)　　NES-NES 03 Workspace Hidden Trial 7

01　D:　Then (1) on the merger >between the yellow and the

02　　　　blue<, put on four piece red. ○That's it. in between.○

03　B:　So it connects it?=

04　D:　=Yep. It *should* be sitting on top perfectly.

4.2.　日本語の認識的スタンス

　日本語話者も相互の認識的スタンスに配慮し，表現方法を工夫すること
で，聞き手に合わせて発話をデザインする。具体的には，1）あいづちを打
つことで共感を高める，2）教示者は自己の願望として指示を表す，3）教示
者は確認作業を通して基盤化に努めるといった様々なストラテジーが観察さ
れた。

　まず，日本語では，作業者はあいづちを頻繁に打つことで，相手に同意し
たり共感を示したりしていた。例えば，「まず，青の,」「うん。」「ブロック
を,」「うん。」「えっと，横にして置いてください。」「はい。」というように，
相手のフロアでも頻繁にあいづちを打つことで共感を生み出していた（岩田
(2015)）。

　さらに，感情的な発話や応答をすることで，社会的な絆が強固にされるこ
ともある。これは個人差もあるだろうが，今回の談話にも，「hh（ため息）
どうするよ，これ。」「やばいやばいやばい，ちょっとルート変えます。」「お
お，hhhh」「よっしゃ，終了。」のように感情的発露をともなう発話が多く
みられた。

次に，日本語談話では，教示者は自己の願望として指示を表す傾向がみられた。例えば，日本の指示文には，「てください」や「ます」以外に，「ブロックを3つとってほしいんですけど。」のような欲求表現や，「真ん中に青いの（を）置いてもらって。」のような利益表現を用いて作業者への配慮が示されることが多い。

最後に，教示者は確認作業を通して基盤化に努める。例えば，日本語話者もひとつの作業フェーズを終えたところで，「そしたら赤が一列に見えるやんな。」「これでちょうど何もはみでないかたちになってるはず。」というように，教示者と作業者が，作業のあとの結果状態を相互に確認するという行動をとっていた。

また，このとき，「これで〜はずだ。」のような，確認作業において有効に機能する合図句が頻繁に用いられた。さらに，「赤が一列に見えるやんな」「青が両端にくるんやけど。」のように，知覚動詞「見える」や変化動詞「なる」「くる」を用いることで，知覚者からの見えに基づく表現がしばしば用いられた。

(13)　NJS-NJS 04 Workspace Hidden Trial 7
01　D：　で，最後に，黄色の長いブロックを，
02　B：　うん。
03　D：　えっと (1) 青と，へ－ 並行になるように (1)
04　B：　[うん
05　D：　[上に置いて欲しいんやけど。
　（中略）
06　D：　そしたら，赤が一列に見えるや [んな？
07　B：　　　　　　　　　　　　　　　　[うんうん。

5.　まとめと展望

本研究では，まず，日英語の談話構成に関して，英語話者は作業の指示を優先するのに対して，日本語話者は目標の共有を優先することをみた。さら

に,「情報の重要度(高見(1995))」という観点からいえば,英語は主節に重要度の高い情報を配置するが,日本語は従属節に重要な情報を配置する傾向があるといえるかもしれない。

次に,英語の談話では,教示者がフロア管理の主導権を握るのに対し,日本語談話では,教示者と作業者が共同で課題を解決していく姿勢が観察された。このことは,英語の談話がキャッチボールの様相を呈するのに対して,日本語談話は「みんなで玉転がし」という特徴を持つという本多の主張とも合致する(本多(2001))。

最後に,日英語の話者はいずれも,認識的スタンスに配慮し,表現方法を工夫することで,聞き手に合わせて発話をデザインすることが観察された。ただし,英語話者は,教示者が作業者の立場に立つことで立場を降格するのに対して,日本語話者は,作業者が積極的にあいづちや助け舟を出して立場を昇格する傾向がみられた。

日英語の談話構成の違いをまとめると,課題達成談話において,英語話者は立場や地位を明確に意識し,教示者が指示を出し,作業者がそれに追従するというスタイルを好むのに対して,日本語話者の場合,教示者と作業者は対等な立場に立ち,目標を共有することで,協働で課題を達成するというスタイルを好む傾向がみてとれる。

以上,本研究では,相互行為の言語学のもと,課題達成対話における指示談話を中心に,基盤化のプロセス,会話の主導権,認識的スタンスの3つの観点から,日英語の談話スタイルを記述してきたが,認知言語学の観点に立てば,これらは談話構成をささえる「文化的思考様式」につながっていくものと考えられる(☞ コラム参照)。

ただ,現在までの認知言語学では,こうした話しことばのプロセスで発現する思考様式も,発話者の認知の問題に還元され,相互行為のやりとりという視点は抜け落ちてしまう。これからの認知言語学は,こうした反省に立ち,言語を社会的な実践として記述していく視点が求められていくのではないだろうか(Croft(2009))。[5]

---

[5] 日本語の接続表現の用法を詳細に論じた横森(2009)は,認知言語学と相互行為の言語

言語とは，観念あるいは表象の伝達手段ではない。それは情報を他者に利用可能にするための手段であり，それによって，自身およびその集団の活動調整に寄与するものである。

(Reed（1993）［邦訳：細田（2000: 324)]）

学を架橋する先駆的な試みといえる。

補説　日英語の設置動詞

　最後に，本論で考察した指示の談話において中心的な位置をしめる設置動詞に注目し，英語話者と日本語話者がこれらの動詞を用いて作業をどのように概念化しているかを認知類型論の観点から考察する。なお，ここでいう設置とは，《設置者（＝作業者）》が《目標物》を《設置場所》に移動する行為をさす。

1.　設置動詞の意味構造

　Talmy（1985）は，世界の諸言語における移動動詞を調査し，そこから大きく2つの類型があることを見出した。ひとつは，英語のように前置詞を用いて移動の経路を表す衛星枠付け言語であり，もうひとつは，日本語のように移動動詞によって移動の経路を表す動詞枠付け言語である（松本（編）(2017)）。

　衛星枠づけ言語では，移動動詞は移動の様態のみに言及し，移動の経路は動詞以外の要素によって表される。例えば，英語の移動動詞 run, walk, rush などは移動の様態を含意するが，移動の経路については，次の文にあるように down the stairs や into the room のような副詞的要素によって付加的に表す。

　　(1)　衛星枠付け言語
　　　　移動動詞（移動様態）＋副詞的要素（移動経路）
　　　　例．John [移動様態 ran] [移動経路 down the stairs].

　これに対して，動詞枠付け言語では，移動動詞は移動の経路を語彙化し，移動の様態を副詞的要素によって表す。例えば，(2)では，移動動詞「降りる」は移動の経路（例．降下）を含意し，移動の様態は「駆け」「歩いて」のような動詞の連用形やテ形によって表す。なお，このとき付加的要素「階段を」は移動の場所を表す。

　　(2)　動詞枠付け言語
　　　　移動動詞（移動経路）＋副詞的要素（移動様態）

　　　例．ジョンは［移動場所 階段を］［移動様態 駆け］［移動経路 降りた］。

　以上を参考にすると，日英語の設置動詞の意味構造は以下のようになる。英語の設置動詞は，移動の様態を語彙化し，移動の経路と設置場所は副詞的要素（例．into the shelf）によって表すのに対して，日本語の設置動詞は，移動の経路を動詞（例．入れる）に語彙化する（Slobin et al. (2011), Kopecka and Narasimhan (2012)）。

　(3)　英語の設置動詞
　　　　使役移動構文　設置動詞《目標物》《設置場所》
　　　　例．Mary［移動様態 put］the dishes［移動経路 into the shelf］.
　(4)　日本語の設置動詞
　　　　使役移動構文　《設置場所》《目標物》設置動詞
　　　　例．メアリは［移動場所 食器棚に］食器を［移動経路 入れた］。

　以下，本課題における日英語の設置動詞の用法をみていこう。

2.　英語の設置動詞

　まず，課題達成対話において，英語話者は，次のような put, place, lie といった移動の輪郭のみを表わす設置動詞のほかに There 構文，be 動詞などの存在表現を用いて指示を行っていることがわかる（表1）。これらの動詞には移動の経路は示されておらず，設置場所に関する情報はすべて前置詞に委ねられている。[6, 7]

動詞／出現頻度	NES-NES	NES-JEL
put	190	385
there is	98	81
place	43	21
cover	14	78
lie	3	(0)

表1：主節に出現した英語の設置動詞

---

[6]　本調査では，2回以上出現したものを挙げる（以下，同様）。
[7]　今回，高頻度で用いられた前置詞句には，on top (of), on the left/right, in front of,

英語の設置動詞には，set, load, hang, cover, stick, stuff のように，移動の様態を語彙化したものもあるが，今回の課題達成対話では，これらの動詞は主節ではほぼみられなかった。そのかわり，これらの動詞が積極的に用いられたのはむしろ従属節においてであり，作業の調整を図るのに付加的に使用されたと考えられる。

以下は，課題達成談話データから得た事例である。ここでは，設置場所に関する情報は前置詞 beside (each other) や，その後の so that 節にある it's like a long straight line によって示されている。このように，英語の談話では移動の経路を分散的に表すことで全体として2つのブロックを「並置」するという作業を構造化している。

(5) NES-NES 01 Workspace Hidden Trial 5

   […] you take [目標物 a big blue brick↑, a:nd a big green brick].
   A:nd you [設置動詞 put] them [移動経路 > beside each other <] so that
   [目標状態 it's like a long straight line.]

次に，英語話者は，目標状態を記述するのに，Put it on the other side of the red brick so that it's sticking out that way. のように，主節のあとに従属節を付して表す。以下は so that 節に出現する動詞であるが，hang over, cover, line up, join, stick out のように全体的な構図を描写する動詞が用いられている（表2）。

動詞／出現頻度	NES-NES	動詞／出現頻度	NES-JEL
hang over/on	15	you can see	8
cover	15	is/are showing	8
line up (with)	6	cover	7
join	3	hang over/on	6
stick out	3	stick out	3

表2：従属節にあらわれた英語の（設置）動詞

next to/beside/close to, on the edge of, above/below, in the line, in the middle などがある。

　英語の場合，従属節にあらわれる動詞は，主節の設置動詞を補助的にささえる程度の意味しか持たない。このことはここでみられる動詞の種類からもわかるし，本論でみてきたように，実際の談話においても，従属節の動詞はブロックの状態を目標状態に近づけていくための調整機能しか持っていないことがわかる。[8]

3.　日本語の設置動詞

　一方，日本語話者は，次のようなさまざまな設置動詞を使い分けることで，移動の経路や設置場所を表していた。代表的なものとして，「置く」以外に，「乗せる」「重ねる」「つける」「くっつける」「並べる」「つなぐ」などがあり，これらの動詞を使い分けることで，移動の経路を具体的に表していた（表3）。

動詞	出現頻度	動詞	出現頻度
置く	178	つなぐ／つなげる	7
つける	96	ふさぐ	4
乗せる	48	またぐ	2
重ねる	43	積む	2
並べる	13	合わせる	2

表3：主節に出現した日本語の設置動詞

　日本語の設置動詞を英語の前置詞と比べると，「乗せる」は on top (of)，「つける」は next to や beside，「並べる」は in the line，「はさむ」は in the middle のような対応がみられる。このように，日本語の設置動詞は，移動の経路や設置場所も動詞に融合することで，詳細な指示を与えることができる。

　以下は，課題達成対話データから得た事例である。日本語話者は，移動の経路を語彙化した設置動詞のバリエーションを積極的に用いる。ここでは動

---

[8]　作業者が学習者の場合，社会的地位や言語能力が高い教示者は So now *you can see* four blue circles, So how many holes or pegs *are showing* on the blue piece? のように作業者からの見えに言及する表現を多用した。

詞「乗せる」によって，目標物を参照物の上部に移動させることを表してお
り，さらに，設置場所を明示化するのに「（青と緑の）上」という相対名詞が
用いられている。

(6)　NJS-NJS 02 Workspace Hidden Trail 5
　　　［目標物 黄色い，小さい方のブロック］を↑（うん。）その（1）え［設置
　　　場所 青と緑の，°あ，え°　上］に［移動経路 乗せん（る）］ねんけど，
　　　（はい。）つなげるように乗せ：てほしくて

　このとき教示者は，主節の動詞「乗せる」で移動の経路を表すだけでなく，
従属節でさらに「つなげる」という動詞を加え，ブロックの構図を調整して
いる。「つなげる」は付加的な情報であり，ここでは作業の調整を図るのに
用いられているが，日本語では，こうした従属節にこそ最も重要な設置動詞
が置かれることも多い。
　次に，日本語話者は，目標状態を記述するのに，主節の前後に「ように」
「みたいに」「かたちで」などの従属節を加えて表す。以下は，従属節に出現
する動詞を示したものである。ここでは主節の動詞にはない「はみ出る」
「またぐ」「はさむ」「隠れる」「とび出る」「ふさぐ」が用いられている（表
5）。

動詞	出現頻度	動詞	出現頻度
はみ出る／出す	26	隠れる／隠す	6
重なる	21	とび出る	5
くっつける	12	乗る	2
またぐ	10	つなげる	2
はさむ	6	ふさぐ	2

表4：従属節に出現した日本語の（設置）動詞

　これらの動詞の種類からもわかるように，日本語では，従属節に主節の動
詞に匹敵する内容の設置動詞が用いられる。例えば，先の例では，主節で
「乗せてください」と他動詞で表せるところを，「乗るように（置いてくださ
い）」と，従属節で自動詞「乗る」を用いたうえで，さらに主節で「置く」を

用いていた。

　こうした場合，日本語では，「重なる」「乗る」のように，設置動詞に対応する自動詞が用いられることも多く，従属節の自動詞が主節の他動詞と等価な内容を伝えていることがわかる。このことは，本論でみたように日本語談話では主節よりもむしろ従属節のほうに重要度が高い情報を置くということとも整合する。

　以上，日英語の話者が移動事象をどのように概念化するかを，設置動詞の用法から記述した。英語では移動の経路を前置詞によって表すのに対して，日本語では設置動詞に融合される。この結果は，Talmy の移動動詞の類型論から予測されるものであるが，話しことばにおいても顕著な結果が確認されたといえる。

　また，今回の課題達成対話からみえてきたもうひとつの傾向として，移動事象は文を超えてその後の談話にも広く分散して表現されるという点があげられる。こうした表現方法は一見無駄なようにもみえるが，相互行為の観点からみれば，こうした冗長性こそが相互理解のための基盤化のリソースとなっていくのである。[9]

参考文献

Clark, Herbert H. (1996) *Using Language*, Cambridge University Press, Cambridge / New York.

Croft, William (2009) "Toward a Social Cognitive Linguistics," *New Directions of Cognitive Linguistics*, ed. by Vyvyan Evans and Stéphanie Pourcel, 395-420, John Benjamins, Amsterdam.

早野薫 (2018)「認識的テリトリー——知識・経験の区分と会話の組織」『会話分析の広がり』，平本毅・横森大輔・増田将伸・戸江哲理・城綾実（編），193-224，ひつじ書房，東京.

---

[9] 話しことばは，他にも，倒置，反復，省略，中断といった断片的な表現に満ちている。こうした「不都合な現実」（大野・中山 (2017)）は，認知言語学でも周辺化され，本格的に議論されることは少なかった。

Hayashi, Reiko（1996）*Cognition, Empathy & Interaction: Floor Management of English and Japanese Conversation*, Ablex, Norwood, NJ.

Heritage, John（2013）"Epistemics in Conversation," *The Handbook of Conversation Analysis*, ed. by Jack Sidnell and Tanya Stivers, 370-394, Wiley Blackwell, Boston, MA.

Hinds, John（1987）"Reader versus Writer Responsibility: A New Typology," *Writing Across Languages: Analysis of L2 Text Reading*, ed. by Ulla Conner and Robert B. Kaplan, 141-152, Addison-Wesley, Boston, MA.

本多啓（2001）「文構築の相互行為性と文法化」『認知言語学論考 No. 1』，山梨正明・辻幸夫・西村義樹・坪井栄治郎（編），143-183，ひつじ書房，東京.

本多啓（2003）「共同注意の統語論」『認知言語学論考 No. 2』，山梨正明・辻幸夫・西村義樹・坪井栄治郎（編），199-229，ひつじ書房，東京.

石崎雅人・伝康晴（2001）『談話と対話』東京大学出版会，東京.

岩田祐子（2015）「日・英語初対面会話における自己開示の機能」『日・英語談話スタイルの対照研究——英語コミュニケーション教育への応用』，津田早苗ほか（著），37-91，ひつじ書房，東京.

Kopecka, Anetta and Bhuvan Narasimhan（2012）*Events of Putting and Taking: A Crosslinguistic Perspective*, 2, John Benjamins, Amsterdam/Philadelphia.

串田秀也（1999）「助け舟とお節介——会話における参与とカテゴリー化における一考察」『会話分析への招待』，好井裕明・山田富秋・西坂仰（編），124-147，世界思想社，京都.

松本曜（編）（2017）『移動表現の類型論』くろしお出版，東京.

Maynard, Senko K.（1989）"Functions of the Discourse Marker *Dakara* in Japanese Conversation," *TEXT: An Interdisciplinary Journal for the Study of Discourse* 9(4), 389-414.

水谷信子（1993）「「共話」から「対話」へ」『日本語学』12(4), 4-10.

大野剛・中山俊秀（2017）「文法システム再考——話しことばに基づく文法研究に向けて」『話しことばへのアプローチ——創発的・学際的談話研究への新たなる挑戦』，鈴木亮子・秦かおり・横森大輔（編），5-38，ひつじ書房，東京.

Reed, Edward S.（1993）*Encountering the World: Toward an Ecological Psychology*, Oxford University Press, Oxford/New York.［細田直哉（訳）（2000）『アフォーダンスの心理学——生態心理学への道』新曜社，東京.］

白川博之（2009）『「言いさし」文の研究』くろしお出版，東京.

Slobin, Dan I., Melissa Bowerman, Penelope Brown, Sonja Eisenbeiß and Bhuvana Narasimhan（2011）"Putting Things in Places: Developmental Consequences of Linguistic Typology," *Event Representation in Language and Cognition*, ed. by Eric Pederson and Jürgen Bohnemeyer, Cambridge University Press, Cambridge/New York.

高見健一（1995）『機能的構文論による日英語比較——受身文，後置文の分析』くろし
　　お出版，東京.

Talmy, Leonard（1985）"Lexicalization Patterns: Semantic Structure in Lexical
　　Forms," *Language Typology and Syntactic Description Vol. 3*, ed. by Timothy
　　Shopen, 57-149, Cambridge University Press, Cambridge/New York.

田中茂範・佐藤芳明・阿部一（2006）『英語感覚が身につく実践的指導——コアとチャ
　　ンクの活用法』大修館書店，東京.

谷村緑・仲本康一郎・吉田悦子（2018）「課題達成対話における談話構造の違い——目
　　的を表す「ように」と so that を中心に——」第 41 回社会言語科学会研究大会発
　　表論文集，186-189.

津田早苗（2015）「日・英語の他者修復——母語話者間会話と異文化間会話の比較」
　　『日・英語談話スタイルの対照研究——英語コミュニケーション教育への応用』，
　　津田早苗ほか（著），135-167，ひつじ書房，東京.

Verstraete, Jean-Christophe（2008）"The Status of Purpose, Reason, and Intended
　　Endpoint in the Typology of Complex Sentences: Implications for Layered
　　Models of Clause Structure," *Linguistics* 46(4), 757-788.

横森大輔（2009）「認知と相互行為の接点としての接続表現——カラとノデの比較から」
　　『認知言語学論考 No. 9』，山梨正明・辻幸夫・西村義樹・坪井栄治郎（編），
　　211-244，ひつじ書房，東京.

付録

　文字化は，Schegloff の transcription module を参考にした。

::	：声の引き延ばし	hhh	：笑い	（数）	：沈黙の秒数
↑	：上昇音調	wOrd	：強調	-	：言いさし
< >	：周りより発話速度が遅い			[ ]	：発話の重なり
> <	：周りより発話速度が速い			°　°	：周りより声が小さい
=	：前後の発話がつながっている			,	：直前部分の継続
.	：直前部分が下降調の抑揚				

コラム

文化的思考様式

仲本康一郎 (山梨大学)

　文化心理学は，人間の普遍的な認知メカニズムをさぐる従来までの研究から，文化に固有の思考様式を探究する研究へと方針を転換した。文化とは，特定の環境で生きる人々の心を形成する要因となるものであり，文化によって私たちの認知や思考も影響を受ける。こうした文化心理学の主張はサピア・ウォーフの仮説を彷彿とさせる。

　文化心理学の第一人者であるニスベットは，西洋人と東洋人の思考様式を比較し，欧米人は分析的思考様式を，東洋人は包括的思考様式を持つ傾向が強いことを指摘した。ニスベットは，こうした東西の思考様式の違いを，「木を見る西洋人，森を見る東洋人」と象徴的にまとめている (Nisbett (2003))。

　分析的思考様式とは，世の中のさまざまな物事はすべて最小の要素に分割され，そうした要素間の因果関係を明らかにすれば世界を理解できるというものである。一方，包括的思考様式では，世の中で起こる出来事は複雑に絡まり合っており，関連する様々な要因を総合する全体像をとらえる必要があると考える。

　さらに，こうした思考様式の違いは，私たちの日常生活における認知や行動のパタンにも観察される。例えば，西洋人は絵を描いたり，写真をとったりするとき，中心となる事物や人物に焦点をあてようとするのに対して，東洋人はむしろ背景となる情景とともに全体的な構図をとらえようとする傾向が強いという。

　これらの思考様式の違いは心理実験からも支持されている。例えば，被験者に牛と鶏と草の絵を見せ，これらをどのように分類するかを調べる実験では，西洋人は牛と鶏を，東洋人は牛と草を仲間として分類する傾向がみられる。西洋人は動物という種類に注目するのに対し，東洋人は牛が草を食べるという場面に注目している。

　もうひとつの有名な実験はミシガン・フィッシュ課題と呼ばれ，水槽の中の魚のアニメーション画像を被験者に見せ，それをあとで言語的に再生して

もらうというものである（増田（2010））。日本人学生の反応は，「藻などが生えている池のようなところで魚が三匹泳いでいた。」のように全体像を説明するものが多かった。

　これに対して，アメリカ人の多くは，画面を見たときにまず目につく魚についての説明が多くなった。「三匹の魚がいて，一匹は大きかった。」「下の方の魚は赤いひれだった。」という具合に，画像において最も大事であると感じられる魚を分析的にとらえ，背景となる水草や水生動物などの情報にはあまり関心を払わない。

　このように分析的思考と包括的思考の違いは，文化共同体の成員が共通して示す集団的特徴としてあらわれる。これらの違いがどこからくるのか，生活環境，社会規範，文化的価値観など，このなかのどれかひとつの要因に帰属することはできないだろうが，それでもこうした文化的差異が存在することは興味深い。

　とりわけ言語研究者にとっては，文化的思考様式が言語構造とどう相関するかに関心が向く。日英語の文章構成における主張重視と背景重視の対立も（Hinds（1983）），本課題でみた談話構成における作業指示と目標共有の優先順位も，文化心理学が提案する思考様式の違いと関連が見出せるかもしれない。

　ただ，私たちはここから拙速に文化本質主義に陥らないよう気をつけるべきであろう。集団内には個人差があって当然だし，思考様式も他の集団と触れ合うなかで変化する可能性がある。こうしたことを考慮に入れたうえで，それでも文化がもたらす認知バイアスの影響を考察する試みは今後も続けていく価値があると信じる。

参考文献

Hinds, John (1983) "Contrastive Rhetoric: Japanese and English," *TEXT: An Interdisciplinary Journal for the Study of Discourse* 3(2), 183-195.

Nisbett, Richard E. (2003) *The Geography of Thought: How Asians and Westerners Think Differently and Why*, The Free Press, New York.［村本由紀子（訳）（2004）『木を見る西洋人　森を見る東洋人——思考の違いはいかにして生まれるか』ダイヤモンド社，東京.］

増田貴彦（2010）『ボスだけを見る欧米人，みんなの顔まで見る日本人』講談社，東京.

あ と が き

　本書は，クラークによる基盤化理論を背景に，2010 年度より継続して行ってきた課題達成対話研究の成果をまとめたものです。筆者が本研究をはじめようと思い立ったきっかけは，発話の音声データをみるだけでは，コミュニケーションの本来の姿はみえてこないのではないかという疑問を持ったことでした。この直観を出発点として，談話を視覚情報も含めて分析するための課題達成対話データを作成することにしました。

　生来の楽天家で無謀にもクラークが創始した課題達成対話コーパスを，英語話者，日本語話者，英語学習者を対象に作成し，そこにマルチモーダルな情報を付与することを企図し，実験参加者を募集することからはじめました。今から考えると小規模ながらもよくぞここまでできたものだと思います。実験に協力していただいた方々とスクリプトの作成に協力していただいた方々には感謝しかありません。

　次に，構築した対話データをもとに言語／非言語コミュニケーションの分析を行ってもらう研究者に声をかけました。研究を開始する当初から協力者となっていただいた仲間は，談話分析を専門とする吉田悦子さん，認知言語学を専門とする仲本康一郎さん，言語情報処理を専門とする竹内和広さんです。これらの研究者との連携があったからこそ，本書の研究は多角的な視点を持つことができました。

　さらにその後，コミュニケーション研究を専門とする岡本雅史さん，心理言語学を専門とする田中幹大さん，機械学習を専門とする岡田 真さんにも，本研究に関心をもって参加いただきました。また，千葉大学の地図課題コーパスやその他の多くのコーパスを分析しておられる川端良子さん，日本語話し言葉コーパスをはじめ，相互行為研究に広く携わっておられる高梨克也さんには，本書のコラムを執筆していただきました。

　こうしたさまざまな背景を持つ研究者の協力のもと，個人ではなしえな

い，まさにクラークのいう「共同活動」によってできあがったのが本書です。研究をはじめてからすでに十年以上が経過していますが，本書の研究を通して，日本の学会にも課題達成型の対話研究の面白さが伝わり，言語／非言語を対象としたマルチモーダルな視点に立つ包括的なコミュニケーション研究が進展していくことを願っています。

なお，本書の成果は，課題達成対話データを利用した研究の可能性の一端を示すものです。今回作成したデータの文字データの一部は，本書の出版と同時に開拓社のウェブページから条件付きで公開される予定です。これからこの分野に取り組んでみようと考えておられる言語学，言語教育の研究者，また，言語心理学，社会言語学，自然言語処理など，インタラクション研究に関連する他の領域の研究者にも参照してもらえるとうれしいです。

最後に，私たちをサポートしてくださった方々に感謝の意を表したいと思います。はじめに，本課題の実験に快く協力してくださった学生，教員の皆さんに感謝申し上げます。戸惑いつつも楽しみながら実験に参加してくださった皆さんのおかげで，小規模ですが，定量的に分析できるだけのデータを収集することができました。本書の成果はすべて，これらのデータに導かれて行われたものです。

次に，英国応用言語学会，日本英語学会，社会言語科学会をはじめとする学会，研究会の場では，本研究を発表する機会を何度もいただきました。さまざまなご意見をいただくとともに，時にかなって適切なフィードバックを得ることができました。有益なコメントをお寄せいただいた先生方，また折りにふれて個人的にも励ましの言葉をかけていただいた先生方には，この場を借りて心より感謝申し上げます。

また，前書に引き続き，本書のイラストを担当してくださったminoon-soft タナカさんにもお礼を申し上げます。細かい注文にも労をいとわず，丁寧にご対応いただきました。また，本書を出版する機会を与えてくださった開拓社の川田 賢氏にも感謝申し上げます。本書のような萌芽的な研究にも，学術的な意義と可能性を見出してくださる氏の理解がなければ，本書が世に出ることはなかったと思います。

最後に，いつも多忙になりがちな筆者を支えてくれる家族にも感謝しま

す。家族の揺るぎないサポートと理解があったからこそ，本書を書きあげる
ことができました。大切な家族に感謝を込めて。

編者を代表して　谷村　緑

索　引

1. 日本語は五十音順に並べてある。英語（で始まるもの）はアルファベット順で，最後に一括してある。
2. 数字はページ数を示し，n は脚注を表す．

191

192

【執筆者紹介】 （五十音順）

岡田 真 (おかだ まこと)

大阪公立大学情報学研究科基幹情報学専攻知能情報学分野助教。徳島大学大学院博士後期課程修了。博士（工学）。専門は深層学習，自然言語理解，自然言語処理，知識処理。主な論文："Paragraph Boundary Recognition in Novels for Story Understanding"（共著，*Applied Sciences* 11(12)，2021），「不均衡分類問題としての小説の段落境界推定」（共著，情報処理学会論文誌 62(3)，2021）。

岡本 雅史 (おかもと まさし)

立命館大学文学部言語コミュニケーション学域教授。京都大学大学院人間・環境学研究科博士後期課程研究指導認定退学。博士（人間・環境学）。専門は言語学（認知言語学・語用論），コミュニケーション研究。主な論文，著書：『言語運用のダイナミズム――認知語用論のアプローチ』（共著，研究社出版，2010），『聞き手行動のコミュニケーション学』（共著，ひつじ書房，2018），『認知言語学大事典』（共著，朝倉書店，2019）。

田中 幹大 (たなか みきひろ)

立命館大学経営学部准教授。エディンバラ大学大学院修了（Ph.D. Psychology）。専門は心理言語学。主な論文："Conceptual Influences on Word Order and Voice in Sentence Production: Evidence from Japanese"（共著，*Journal of Memory and Language* 65(3)，2011），"The Role of Word Order in Bilingual Speakers' Representation of their Two Languages: The Case of Spanish-Kaqchikel Bilinguals"（共著，*Journal of Cultural Cognitive Science* 4(2)，2020）。

谷村 緑 (たにむら みどり)

立命館大学情報理工学部准教授。大阪外国語大学大学院言語社会研究科博士後期課程研究指導認定退学。博士（言語社会学）。専門は，応用言語学，言語教育。主な論文・著書：「メタファーで覚えるイディオム」（共著，『英語教育』，大修館書店，2018.4～2019.3），『一歩進める英語学習・研究ブックス メタファーで読み解く英語のイディオム』（共著，開拓社，2022）。

仲本 康一郎 (なかもと こういちろう)

山梨大学大学教育・DX 推進センター教授。京都大学大学院人間・環境学研究科博士後期課程研究指導認定退学。博士（人間・環境学）。専門は，認知言語学，言語教育。著書，論文：『概念化と意味の世界 認知意味論のアプローチ』（共著，研究社出版，2008），『はじめて学ぶ認知言語学 ことばの世界をイメージする 14 章』（共著，ミネ

ルヴァ書房，2020)，『講座 言語研究の革新と継承4 認知言語学I』（共著，ひつじ書房，2020)。

吉田 悦子 (よしだ　えつこ)
滋賀県立大学人間文化学部国際コミュニケーション学科教授。エディンバラ大学大学院言語学科修了 (Ph.D. Linguistics)。専門は語用論，談話分析，職場談話研究。著書・論文：*Referring Expressions in English and Japanese: Patterns of Use in Dialogue Processing* (単著，John Benjamins，2011)，『動的語用論の構築に向けて』第1巻 (編著，開拓社，2019)，『ナラティブ研究の可能性──語りが写し出す社会』(共著，ひつじ書房，2020)。

[コラム]

川端 良子 (かわばた　よしこ)
国立国語研究所言語資源開発センター特任助教。千葉大学大学院博士課程修了。博士 (学術)。専門は語用論，談話分析。主な論文：「地図課題対話における共有信念更新のメカニズム」(共著，『認知科学』24(2)，2017)，「『日本語日常会話コーパス』設計・構築・特徴」(共著，国立国語研究所「日常会話コーパス」プロジェクト報告書6，2022)。

高梨 克也 (たかなし　かつや)
滋賀県立大学人間文化学部人間関係学科教授。京都大学大学院人間・環境学研究科博士課程認定退学。博士 (情報学)。専門はコミュニケーション科学。著書：『多人数インタラクションの分析手法』(共編著，オーム社，2009)，『基礎から分かる会話コミュニケーションの分析法』(ナカニシヤ出版，2016)，『多職種チームで展示をつくる：日本科学未来館「アナグラのうた」ができるまで』(編著，ひつじ書房，2018)，『指さしと相互行為』(共編著，ひつじ書房，2019) 等。

竹内 和広 (たけうち　かずひろ)
大阪電気通信大学情報通信工学部教授。奈良先端科学技術大学院大学情報科学研究科博士後期課程修了。博士 (工学)。専門は自然言語処理，人工知能。主な論文："Sentence Reconstruction in Summary Generation: An Investigation Using Automated Alignment" (共著，*Readings in Japanese Natural Language Processing*, Center for the Study of Language and Information, Stanford University Press, 2016)。

インタラクションと対話
―多角的な視点からの研究方法を探る―

編　者	谷村　緑・仲本康一郎・吉田悦子
発行者	武村哲司
印刷所	日之出印刷株式会社

2024 年 6 月 24 日　第 1 版第 1 刷発行ⓒ

発行所	株式会社　開拓社	〒 112-0013 東京都文京区音羽 1-22-16 電話　（03）5395-7101（代表） 振替　00160-8-39587 https://www.kaitakusha.co.jp

ISBN978-4-7589-2401-6　C3080